JN441244

한국방송통신전파진흥원

딥리서치 업무활용 가이드북

한국방송통신전파진흥원

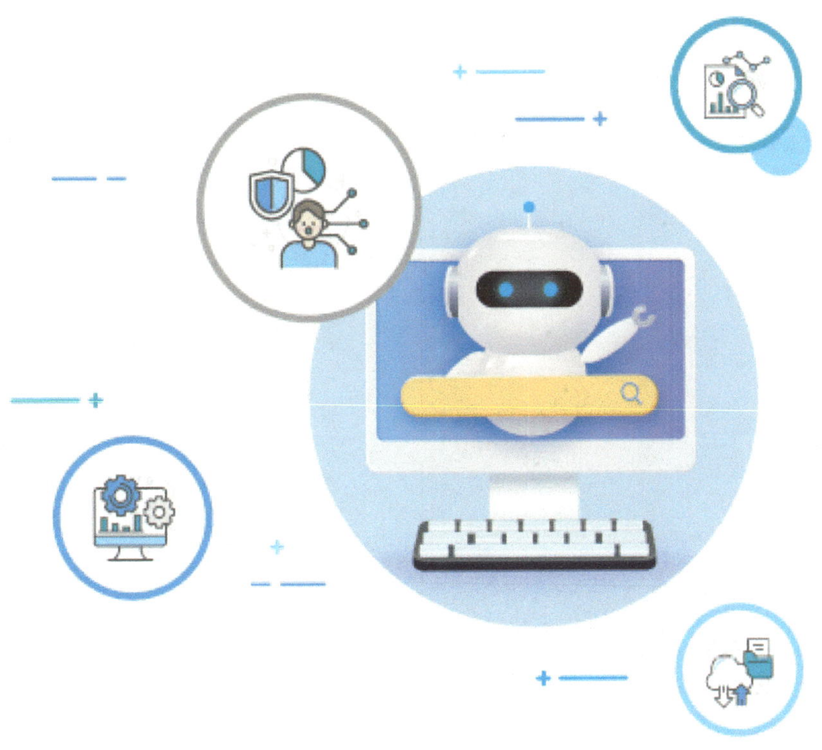

머리말

AX·DX의 물결 속에서 공공행정과 민간기업, 그리고 우리의 일상이 빠르게 바뀌고 있습니다. 한국방송통신전파진흥원은 이러한 큰 흐름의 한가운데에서 AX·DX가 기관 업무 일상에 자연스럽게 스며들게 하고 이를 통해 혁신을 선도하는 공공기관이 되기 위해 노력하고 있습니다.

본 『KCA 딥리서치 업무활용 가이드북』은 우리 기관 임직원뿐 아니라 타 공공기관과 기업 그리고 국민 여러분 모두의 일상 가운데 AX를 친근하게 여겨 새로운 통찰을 얻는데 도움을 드리고자 발간되었습니다. 정책 기획, 서비스 개선, 경영 의사결정, 개인의 자기개발 등 다양한 현장에서 이 책에서 제시된 다양한 사례가 실질적인 길잡이가 되기를 기대합니다.

앞서 ChatGPT에 이어 다른 분야로 새롭게 발간한 이번 가이드북 처럼 '모두의 AX'를 위한 저희의 노력은 계속될 것입니다. 이를 위해 대한민국 국민 여러분께서 업무 현장·일상 생활에서 AX에 대한 의견을 제안해 주시면 심사숙고하여 새로운 동향과 기술이 나타날 때마다 추가적인 가이드북을 지속적으로 마련토록 하겠습니다.

아울러, 한국방송통신전파진흥원은 앞으로도 공공부문과 민간부문이 함께 AX 기술을 적극 활용하고, 국민 모두가 그 혜택을 고르게 누릴 수 있도록 든든한 동반자가 되겠습니다. 모쪼록, 이 가이드북이 여러분 각자의 자리에서 더 나은 내일을 설계하고 미래를 연결하는 데 작은 힘이 되기를 진심으로 바랍니다.

감사합니다.

한국방송통신전파진흥원 원장 이 상 훈

일러두기

본 가이드북은 다양한 업무에 딥리서치 활용을 위한 사용법을 설명해놓은 가이드북으로 한국방송통신전파진흥원 직원들이 더욱 효율적인 업무수행이 가능하도록 도움을 드리고자 제작하였습니다. 이에 따라 건강·심리상담, 음식·요리 검색 등 일상 활용 예시는 과감히 생략하고 KCA 업무를 중심으로 예시를 마련하였습니다.

CONTENTS

Chapter 05 실전 업무 : 딥리서치 KCA 업무 활용 사례

Chapter 06 별첨

chapter 01

딥리서치 개요

01 딥리서치 개요

1-1. 딥리서치란 무엇인가

'딥리서치'는 단순한 질문에 대한 응답 이상의 심층 정보 탐색과 분석 작업을 수행하는 AI 기반 리서치 방식을 말한다. 기존의 리서치가 검색을 통한 단일 정보 제공 또는 챗봇의 키워드 기반 웹 문서 크롤링에 머물렀다면, 딥리서치는 한 단계 더 발전한 접근 방식을 사용한다. 학습된 데이터뿐만 아니라 최신 정보 탐색을 병행하며 여러 방향에서 접근하는 순차적 탐색, 실제 원문을 바탕으로 하는 출처 기반 분석, 해당 분석을 통한 구조화된 보고서 작성, 여러 자료를 결합한 새로운 시각 제시, 주어진 상황과 맥락에 따른 응답, 시간 단축으로 인한 자동화와 효율성 증대라는 특징을 가진다.

1-2. AI 도구별 딥리서치 플랜

ChatGPT

플랜	Free	Plus	Pro	Busineses	Enterprise
딥리서치 지원여부	제한	제한	제한	제한	무제한
월 요금	무료	26,000원/월	260,000원/월	39,000원/월	미공개

Gemini

플랜	Free	Advanced	AI Ultra	Business	Enterprise
딥리서치 지원여부	제한	제한	거의 무제한	제한	제한
월 요금	무료	29,000원/월	360,000원/월	28,000원/월	40,000원/월

Perplextiy

플랜	Standard	Pro	Max	Enterprise Pro	Enterprise Max
딥리서치 지원여부	제한	제한	무제한	제한	무제한
월 요금	무료	26,000원/월	260,000원/월	52,000원/월	422,500원/월

Claude

플랜	Free	Pro	Max	Team (Standard)	Team (Premium)	Enterprise
딥리서치 지원여부	제한	무제한	무제한	제한	제한	무제한
월 요금	무료	26,000원/월	130,000~ 260,000원/월	30,000원/월	150,000원/월	미공개

※ 요금은 환율에 따라 달라질 수 있습니다.

1-3. AI 도구별 최신 모델

모델명	공개일	주요 특징	주요 사용 사례	접근 범위
GPT-5.2 (OpenAI)	2025년 12월 11일	지능 측면에서 이전 모델에 비해 상당한 도약, 최첨단 성능	코딩, 수학, 의료, 시각적 인식 등에 전문가 수준의 응답 제공	모든 사용자
Opus 4.1 (Claude)	2025년 8월 6일	긴 문맥을 다룰 수 있는 하이브리드 추론 모델	대규모 코딩과 에이전트를 활용한 자동 관리 시스템에 적합	Max/Team/ Enterprise 사용자
Gemini 3.0 Pro (Gemini)	2025년 11월 19일	멀티모달 데이터의 이해 및 생성. 자연스러운 음성 응답 가능	소프트웨어 개발 및 교육 · 학습 분야에 적합	Advanced 사용자
Sonar (Perplexity)	2025년 2월 11일	사용자의 데이터를 추가 학습하지 않도록 설계	다단계 추론과 비교 작업용으로 최적화	모든 사용자

chapter 02

딥리서치 시작하기

02 딥리서치 시작하기

2-1. GPT

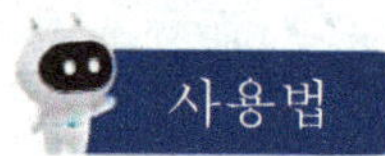

❶ 채팅 입력 창에서 '+'를 누른 후 '심층리서치' 체크해 활성화

❷ 채팅 입력 창에서 '+'를 누른 후 '사진 및 파일 추가', '구글 드라이브'를 통해 자료 업로드 가능

❸ 채팅 입력 창에서 '소스'를 누른 후 'Git Hub', 'G mail' 등을 연결해서 딥리서치 가능

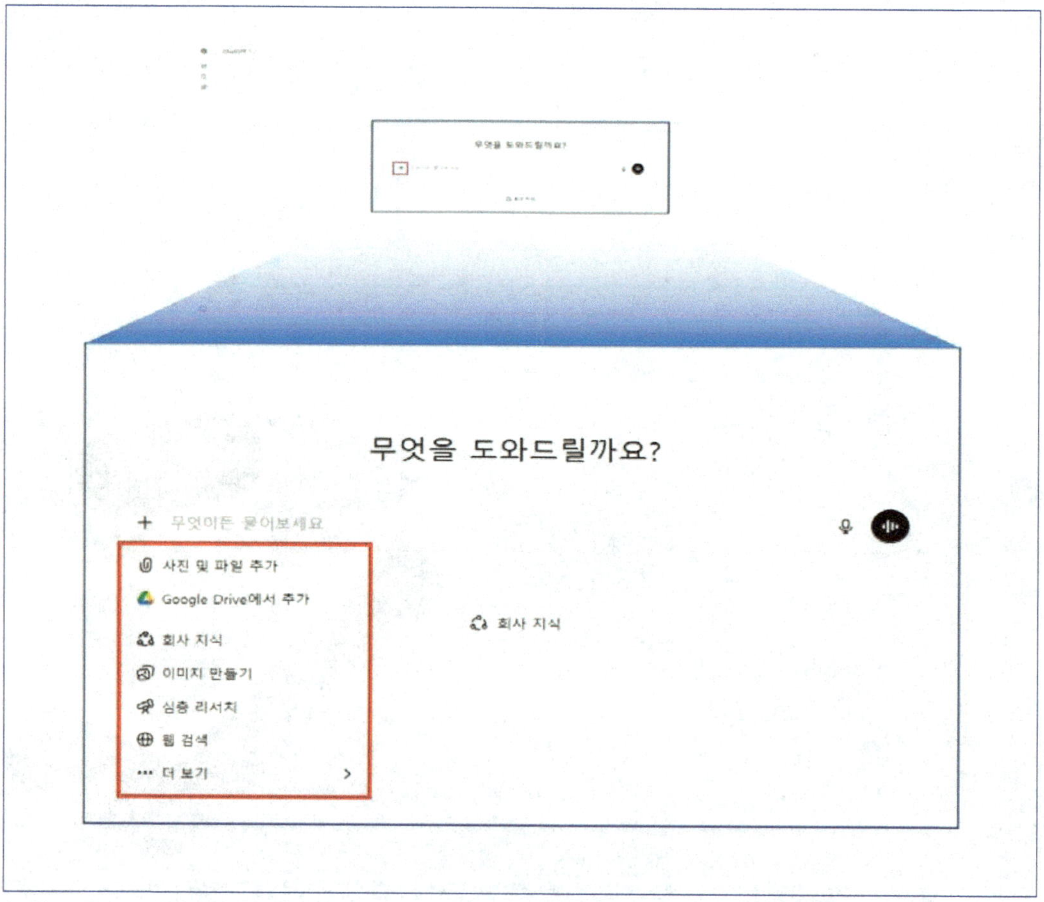

2-2. Gemini

❶ 채팅 입력 창에서 '도구'를 누른 후 'Deep Research' 눌러 활성화

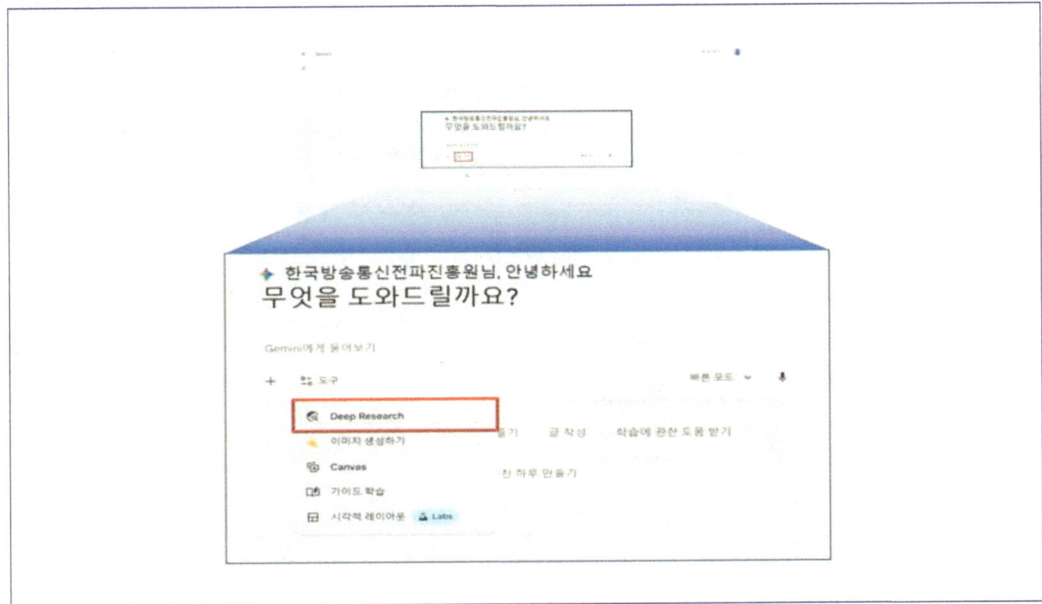

❷ 채팅 입력 창에서 '+'를 누른 후 파일 업로드 또는 구글 드라이브로부터 파일 불러오기 가능

2-3. Perplexity

❶ 채팅 입력 창에서 '돋보기'를 누른 후 'Pro 검색 시도' 체크해 활성화

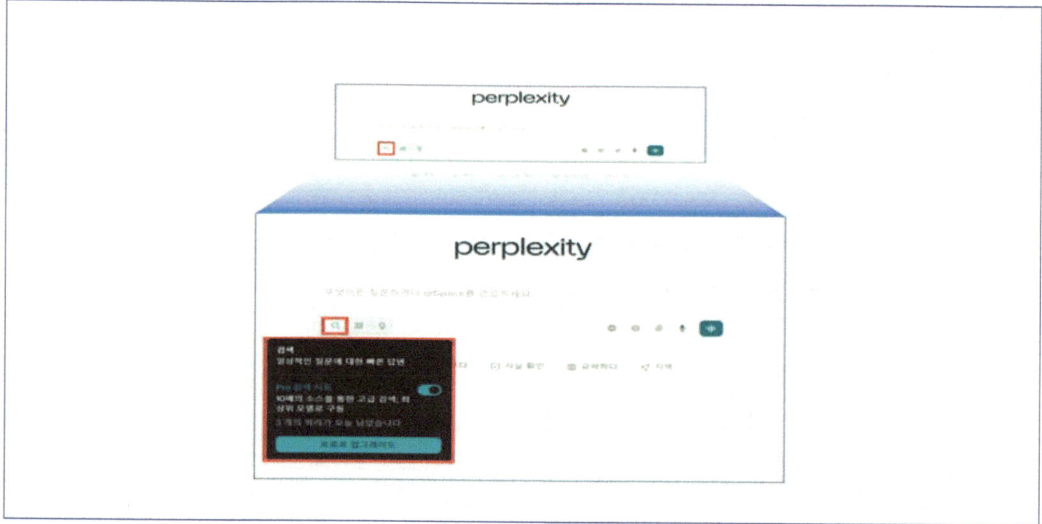

❷ 채팅 입력 창에서 '지구본'을 누른 후 소스(웹 검색/논문 검색/토론 등) 설정 가능

❸ 채팅 입력 창에서 '파일 업로드'를 눌러 파일 불러오기 가능

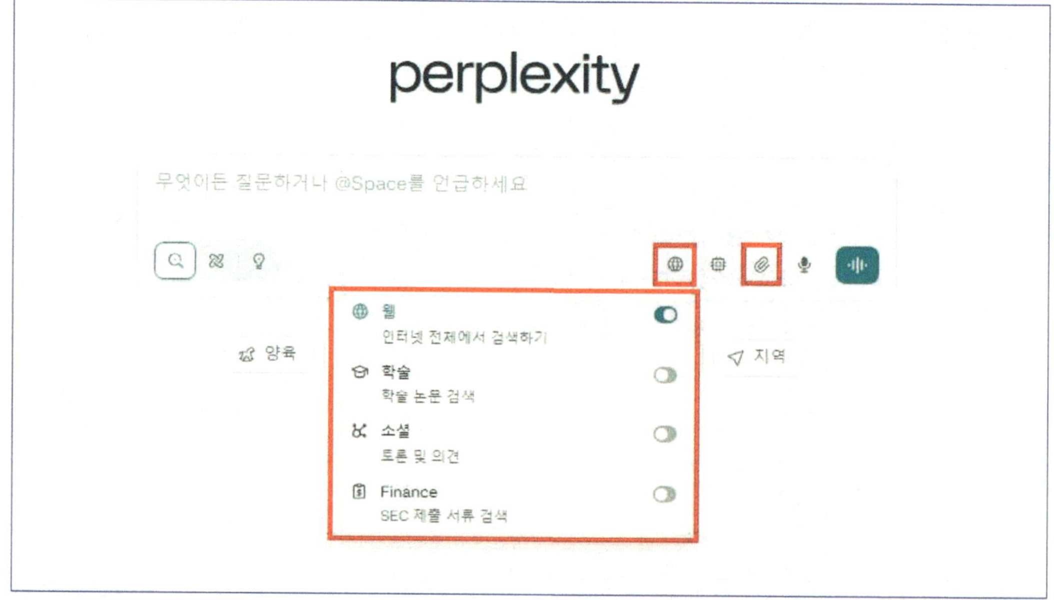

2-4. Claude

❶ 채팅 입력 창에서 '시계 모양 버튼'을 눌러 '심층 사고 모드' 활성화

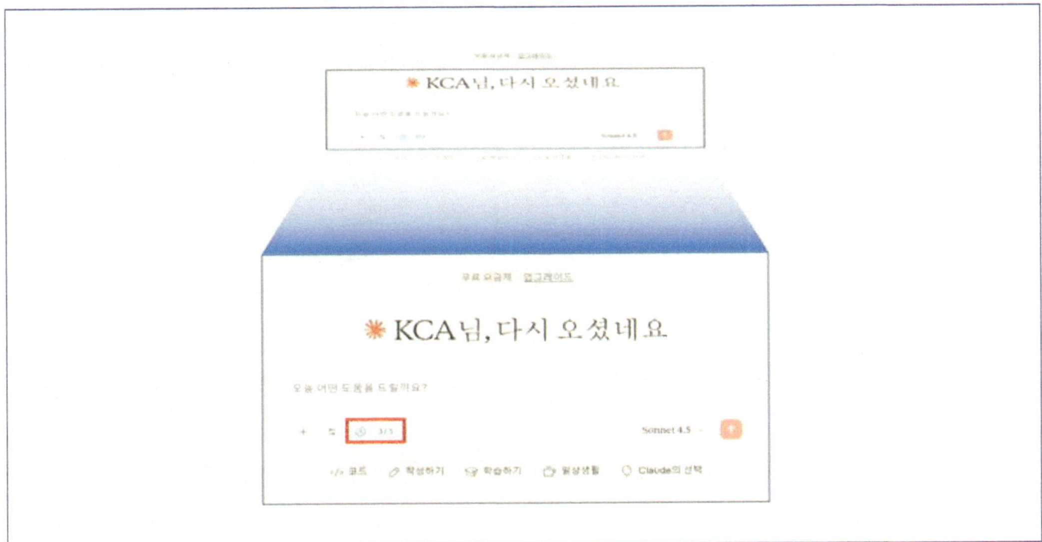

❷ 채팅 입력 창에서 '+'를 눌러 파일 업로드 가능

무료 요금제 · 업그레이드

KCA님, 다시 오셨네요

오늘 어떤 도움을 드릴까요?

3/3

Sonnet 4.5

파일 업로드

스크린샷 캡처하기

GitHub에서 추가

프로젝트 사용하기

일상생활

Claude의 선택

❸ 채팅 입력 창에서 '검색 및 도구'를 누른 후 '스타일'을 눌러 응답 유형 설정 가능

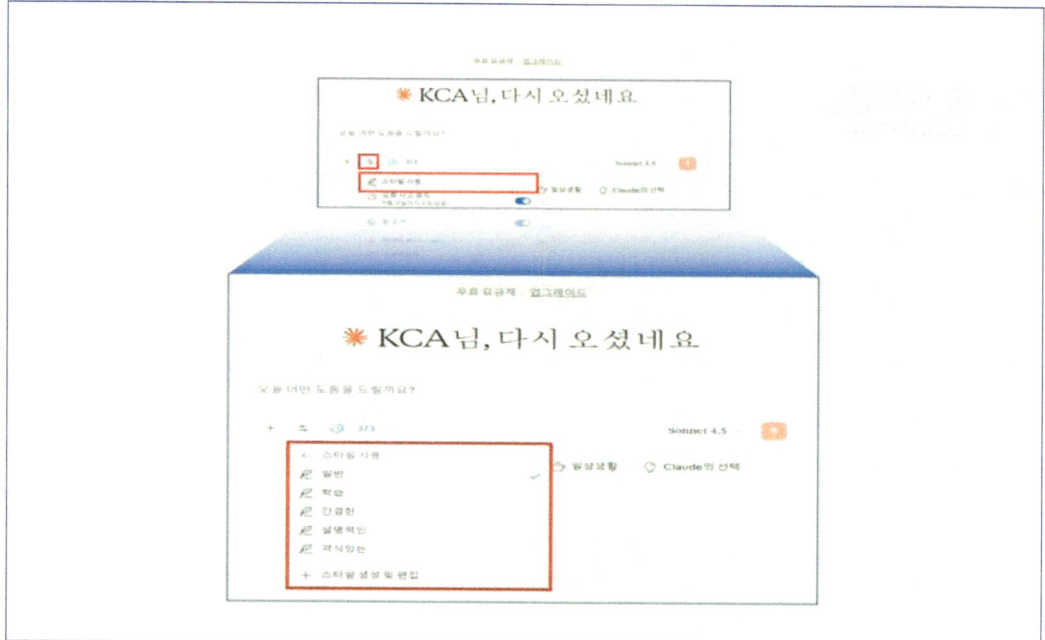

❹ 채팅 입력 창에서 '검색 및 도구'를 누른 후 '커넥터 추가'를 통해 원하는 웹 또는 확장 프로그램과 연결해서 사용 가능

무료 요금제 · 업그레이드

KCA님, 다시 오셨네요

오늘 어떤 도움을 드릴까요?

3/3

Sonnet 4.5

스타일 사용

심층 사고 모드

11월 17일까지 3개 남음

웹 검색

커넥터 추가 PRO

커넥터 관리

일상생활

Claude의 선택

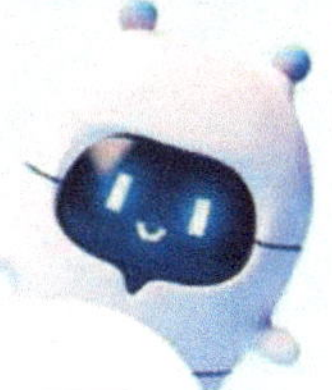

커넥터

원격 및 로컬 도구를 연결하여 Claude로 더 많은 기능을 활용하세요. 커넥터에 대해 자세히 알아보기.

검색 | 커넥터 관리

웹 | 데스크톱 확장 프로그램

Claude가 컴퓨터의 앱, 데이터, 도구와 직접 작업할 수 있도록 Claude for Desktop을 열어보세요. | Claude for Desktop 열기

Filesystem 297K
Let Claude access your filesystem to read and write files.

Read and Send iMessages 204K
Send, read, and manage messages through Apple's Messages app

Control Chrome 115K
Control Google Chrome browser tabs, windows, and navigation

Figma 88K
Provides important design information and context when generating code from Fig...

Windows-MCP 72K
Lightweight MCP Server that enables Claude to interact with Windows OS

PDF Tools - Analyze, Extra... 69K
Let Claude work with PDFs on your computer: read, analyze, fill forms, extra...

Read and Write Apple No... 65K
Read, write, and manage notes in Apple Notes

Context7 52K
Up-to-date Code Docs For Any Prompt

Control your Mac 58K
Execute AppleScript to automate tasks on macOS.

Desktop Commander 41K
Build, explore, and automate on your local machine with access to files and terminal.

Spotify (AppleScript) 27K
Control Spotify via AppleScript

Kapture Browser Automa... 18K
Control web browsers through the Model Context Protocol using Chrome DevTools

KCA 업무활용 딥리서치 가이드북

chapter 03

리서치에게 효과적 질문하기 : 질문 설계 5원칙

03 딥리서치에게 효과적 질문하기 : 질문 설계 5원칙

딥리서치의 응답 형태는 사용자의 필요에 따라 설정할 수 있지만, 기본적인 형태는 요약본을 제공한 후 세부 분석 내용을 열거하고, 마지막으로 참고 자료를 보여주는 순서로 진행된다. 제공된 응답의 각 단락 또는 문장의 끝에는 회색 숫자와 글자로 출처가 달린다. 응답의 가장 마지막 부분에는 출처에 대한 웹페이지 링크 목록이 있으므로 필요에 따라선 웹사이트를 방문하거나 출처 내용을 직접 검증도 할 수 있다.

딥리서치 사용의 목적은 단순히 정보를 수집하는 것이 아니다. 겉핥기식 정보가 아닌, 말 그대로 심층적 정보를 얻기 위함이다. 그러기 위해선 '무엇을 알고 싶고, 왜 그것이 중요한가'와 같은 본질적인 질문을 정교하게 설계해야 한다.

일반적 질문 예시 : "미래 AI 시장 예측"

1

1. 주요 변화 축 (성장 동력)

아래 트렌드들은 여러 리포트와 전문가 전망에서 공통적으로 도출되는 흐름들입니다.

트렌드	설명 및 근거	시사점
모델의 경량화 & 효율화	거대 모델을 무조건 키우는 방향에서 벗어나, 특정 도메인에 최적화된 경량 모델, 효율 추론 모델이 주목받음.	기업/스타트업은 막대한 연산 자원 없이도 경쟁력 있는 AI 솔루션 개발 가능성 확대
에이전트형 AI / 대리자 AI (Agentic AI)	단순 생성형 AI를 넘어 여러 행동을 계획·조정하는 AI 시스템이 증가할 전망입니다.	예: 고객 응대뿐 아니라 내부 업무 흐름 조율, 자동화된 의사결정 보조 시스템 등에 활용 가능
엣지 AI / 온디바이스 AI 확대	중앙 서버 의존 없이 디바이스 내부에서 AI 처리가 가능한 기술 수요 증가.	프라이버시 강화, 대역폭 절감, 응답 지연 최소화 측면에서 유리
멀티모달 AI / 복합 인지	텍스트, 이미지, 음성, 비디오 등 다양한 데이터를 동시에 처리하는 AI 기술이 강화됨.	예: 의료 영상 + 진료 기록 + 유전체 정보를 동시에 해석하는 진단 보조 AI 등
AI 기반 특수 하드웨어 / 반도체 생태계 강화	AI 연산 수요를 감당할 맞춤형 칩(ASIC, NPU 등)과 메모리, 전력관리 기술 경쟁이 치열해질 전망.	반도체 기업 및 AI 인프라 기업이 핵심 축으로 부상
산업별 AI 통합 & 가치 실현("from adoption to value")	지금까지는 도입 중심이었다면, 앞으로는 실질적 수익 창출이 중요한 기준이 될.	기업은 파일럿→실행 단계 전환을 위한 조직·프로세스 혁신이 필수
신뢰성, 안전성, 규제 및 표준화	AI의 책임성, 투명성, 공정성 확보 및 국제적 기준 마련이 핵심 과제로 떠오름.	규제 컴플라이언스를 제품 경쟁력의 일부로 간주해야 함
분산 AI 생태계 / 개방형 AI 플랫폼 확대	폐쇄형 대형 모델 뿐 아니라, 오픈소스 또는 연합학습(페더레이티드 러	협업 중심의 AI 생태계가 형성될 가능성 커짐

2

2. 리스크 & 장애 요인

미래가 밝다 해도, 걸림돌도 적지 않습니다. 아래는 그중 주요한 것들입니다.

리스크	내용 및 이유	대응 관점
투자 과열 / 버블 가능성	AI 분야에 과도한 자금이 몰리면서 기대치가 현실을 앞지르는 버블 우려 존재	실사용 중심의 투자, 단계적 검증 전략이 필요
ROI 미실현 / 가치 전달 격차	많은 기업이 AI를 도입했지만 실제 수익 창출에 성공한 곳은 극히 일부에 그침 (예: BCG 조사에서 5%)	내부 역량, 조직 문화, 데이터 인프라 정비가 필수
데이터, 프라이버시, 보안 문제	개인정보 유출, 편향성, 악용 가능성 등 윤리·보안 위험이 상시 존재	데이터 거버넌스 체계, 보안 기술, 법제도 정비 병행 필요
기술 집중 / 불균형 격차 심화	선도국 / 대기업 중심으로 AI 역량 집중 → 후발국가나 중소기업은 진입장벽 증가	AI 인프라 공유, 국제 협력, 역량 확산 전략이 중요
규제 대응 미비 / 글로벌 규제 분열	국가별 AI 규제 체계가 다르며, 규제 리스크가 사업 기회를 제한할 수 있음	선제적 정책 대응, 규제 예측 및 리스크 관리 역량 확보
인력 및 조직 변화 저항	AI 도입은 기술만 바꾸는 것이 아니라 조직, 업무 프로세스, 문화 전반의 변화를 요구	직원 재교육, 변화 관리 전략이 병행되어야 함

3

3. 예상 시나리오 및 타임라인 (가장 가능성 높은 흐름)

아래는 보수적 ~ 낙관적 흐름을 고려한 중장기 시나리오입니다.

기간	주요 변화	특징적 사례
2025년 ~ 2027년	• AI 투자와 기술 혁신이 폭발적으로 증가 • 기업은 AI 파일럿에서 실서비스 전환 노력 • 규제 논의 가속화	일부 기업은 AI 기반 핵심 서비스 출시 / AI 전담 조직 강화
2028년 ~ 2032년	• AI 기술의 성숙화 및 범용화 • 에이전트형 AI 본격 확산 • 규제와 표준화 체계 정착	AI 기반 자동화 시스템이 산업 전반에 스며들고, 글로벌 기준이 통일화될 가능성
2033년 이후	• 초지능/일반 인공지능(AGI) 가능성 논의 본격화 • 인간-기계 공존 사회 구조 변화	AI가 단순 일상 업무뿐 아니라 창작, 의사결정 등 다양한 분야에서 인간과 경쟁 가능성

(참고: AGI/초지능 수준 예측은 전문가마다 크게 엇갈리므로 확정적으로 보기 어렵다는 점 유의)

4

4. 한국 / 아시아 관점에서 유의할 점들

AI의 글로벌 흐름은 강하겠지만, 지역 특성에 맞춘 전략이 필요합니다.

- **인프라 격차 극복**
  AI 연산, 데이터 센터, 통신 인프라 등이 충분하지 않은 지역에서는 진입 장벽이 높음 → 정부 차원의 인프라 투자 및 클라우드/AI 서비스 활성화가 중요
- **산업 연계 전략**
  반도체, 제조업, 의료 등이 강한 한국에서는 AI를 그 강점을 살려 융합형 플랫폼으로 키우는 전략 필요
- **규제 선도 및 윤리 기준 설정**
  국제 규제 흐름을 고려해 선제적으로 AI 윤리, 데이터 보호 기준을 마련해 글로벌 경쟁력을 확보해야 함
- **중소기업 및 스타트업 육성**
  대기업 중심이 아닌 중소기업, 스타트업이 AI 활용 기회를 누릴 수 있게 AI 인프라 공유, 기술 지원 제도 강화 필요
- **교육 및 인력 전환**
  AI 관련 역량 (데이터 리터러시, AI 윤리, 응용 개발 등) 교육 강화, 직업 전환 프로그램 필요

5. 정리 요약 및 핵심 시사점

- AI 산업의 미래는 기술 진화 + 비즈니스 가치 실현 + 사회적 책임의 조합
- 지금은 *도입 단계 → 가치 실현 단계*로 전환해야 하는 과도기
- 투자 과열, 규제 리스크, 데이터 / 윤리 문제가 주요 난제
- 한국은 자기 강점을 살려 산업 간 융합 전략, 중소기업 지원, 규제 선도 등이 관건

AI는 폭넓고 개괄적인 정보를 중심으로 답하지만, 질문이 섬세하지 않아 핵심 요인이나 맥락을 깊이 파악하기 어렵다. 표면적인 흐름이나 전반적 방향만 제시하므로 심층 분석에 한계를 갖는다.

정교한 질문 예시 : "5년 내 AI 시작 흐름과 기업들의 투자 방향 분석"

1

1) 5년간 가장 빠르게 확산된 세부 기술 영역 (국내 미디어·콘텐츠)

세부 영역	확산 배경·용도	국내 현장 지표/정책 맥락
AI 더빙·다국어 로컬라이제이션(TTS/VC)	글로벌 동시 유통·FAST/숏폼 확대로 **다국어 버전** 수요 급증. 성우 목소리 보존/변조, 감정톤 유지형 TTS가 실전 투입.	방송·영상 분야 AI 활용률이 지속 상승(2025 상반기 기준 **30.8%**, 산업 평균 20%)이며, 후반작업·서비스 단계로 확산 중. AI 활용은 '일자리 대체'보다 **과업 전환** 양상.
생성형 비디오/VFX 자동화(배경·합성·업스케일링)	촬영→후반 리드타임·원가 절감 압박. 숏폼/디지털 퍼스트 제작관행 안착.	공공 R&D 공모에서도 **'방송 자동 영상 생성'**, **'Robo-VFX'** 등 우선 과제로 명시. 민간에서도 후반비 절감 사례 증가.
AI 보이스(내레이션·가창)·가상 휴먼(앵커/MC)	뉴스·커머스·교육에서 **대량 제작·상시 업데이트** 니즈. 가창·대사 합성으로 음악/예능 포맷 다변화.	국내 기업의 상용 툴·서비스 다수(예: 수퍼톤, 딥브레인AI 등). 대기업이 **인수·지분 확대**로 스케일업.
요약·하이라이트·클립 자동 생성(멀티모달 분석)	OTT·SNS 유통에서 **하이라이트/챕터링** 자동화가 필수. 제작·유통 간 데이터 연결.	방송·게임 산업에서 **AI 활용률 상위**. 제작 흐름·유통 실험(FAST/숏폼)과 결합.
권리·안전: 딥페이크 방지/표시·저작권 관리	AI 생성물의 **투명성·신뢰성** 요구.	2026.1.22 시행 예정 **AI 기본법**의 AI 생성물 표시 논의가 본격화—방송·영상 분야 적용 쟁점 부상.

해석

- **방송·영상/게임**이 5년간 AI 확산의 선도 섹터로 확인됩니다(2025 상반기 방송·영상 **30.8%**, 게임 **41.7%** 활용). 세부 기술은 **(1) 더빙·보이스 → (2) 후반 VFX/합성 → (3) 요약·하이라이트 → (4) 권리·표시·탐지** 순으로 제품화·현장 투입이 빨랐습니다.

2

2) 주요 기업들의 투자·도입 방향 및 규모 변화

기업/그룹	2021–2025 주요 변화	규모/액티
HYBE (엔터·음악)	AI 보이스·가창 핵심 역량 내재화. 수퍼톤에 초기 투자 후 지분 확대→인수. 실전 TTS로 **실적발표(컨콜) 아바타 보이스**도 시도.	2021년 **40억** 투자 → 2023년 **450억** 추가 투자로 **지분 56.1%** 확보(인수). 2024년 수퍼톤 TTS로 약 **20분** 실적발표 진행.
NAVER (플랫폼·클라우드)	**HyperCLOVA X** 고도화 & 상업용 오픈소스(**Seed**) 공개. 생태계 확장: 벤처 투자에서 **AI 비중 급증**, 비디오·AI로보틱스 등 전략 투자.	D2SF 포트폴리오 **98개** 중 **63개가 AI**('25.9 보도). HyperCLOVA X 오픈소스 **3종 공개** **(2025.4)**.
KT/스튜디오지니 (통신·미디어)	자체 LLM 믿:음 **2.0** 공개 및 오픈소스화 예고. **AI 기반 제작 효율화**로 제작비 구조 개선, 숏폼 확대.	2024년 콘텐츠 제작비를 **1,175억** 수준으로 절감(도입 효율화 효과). 믿:음 2.0 오픈소스 공개 계획('25.7).
CJ ENM (콘텐츠)	**AI 제작·후반 도입** 강화(사내 인터뷰·사보 및 대외 커뮤니케이션).	정량 투자액 공개는 제한적이나, **AI 제작 체계 전환**을 공식화.
딥브레인AI (AI 휴먼)	해외 확장 및 **IPO 준비**. 프리-IPO 자금 조달 계획.	프리-IPO **100억** 조달 계획(보도), 누적 기업가치 약 **2,000억** 언급.
라이언로켓(GenAI 영상/음원)	실리콘밸리 VC 등으로부터 **지속 투자 유치**, 누적 투자 규모 확대.	누적 약 **135억**(공개 데이터 기준), Series B 진행.

해석

- **대형 플랫폼/통신사**는 LLM·에이전트·클라우드와 **프로덕션 워크플로우**를 직접 연결(내재화 및 생태계 투자).
- **콘텐츠 제작사/엔터**는 '보이스/TTS·가창·합성·VFX 자동화'에 집중 투자 → **제작 리드타임·원가 절감 + 다국어 동시 유통** 역량을 확보.
- **국내 AI 스타트업**은 영상·보이스·가상휴먼 축에 투자 유입이 지속(Series A–C/프리-IPO), **대기업 M&A/지분 확대로** 흡수되는 경향.

↓

3

3) 실무 시사점 (공공·기업 공통)

1. **ROI 기준의 도입 로드맵**: 더빙/TTS → 하이라이트 → VFX 자동화 순으로 **단기 성과**가 명확. 규제(표시 의무)와 저작권·퍼블릭도메인 가이드 동시 정비.
2. **멀티모달 데이터 파이프라인**: 제작·유통·마케팅 전 주기 데이터가 연결될수록 **요약/추천/클립 자동화**의 품질이 오른다.
3. **생태계 연계**: 내부 LLM만으론 한계. **오픈소스·스타트업 협업**을 통한 특화 기능 보강이 비용·속도 모두 유리.

출처(원문)

- 한국콘텐츠진흥원, *KOCCA 포커스 통권 201호 — 2025년 콘텐츠산업 생성형 AI 활용 현황 및 일자리 변화* (2025.10.01).
- KOCCA, *방송영상·OTT 트렌드 Vol.2/Vol.3* (2025).
- KOCCA, *2024년 문체부 R&D 2차 공모 — 방송 자동 영상 생성·Robo-VFX 등 과제 명시* (2024.4.5).
- HYBE–수퍼톤 투자/인수(2021 **40억**, 2023 **450억**, 지분 56.1% 확보).
- 수퍼톤 TTS 실전 사례(2024 HYBE 컨퍼런스콜 아바타 보이스).
- NAVER, HyperCLOVA X 오픈소스 **3종** 공개(2025.4).
- 네이버 D2SF, **AI 포트폴리오 63/98개**('25.9).
- KT, 믿:음 **2.0** 오픈소스 공개 예고(2025.7).
- KT 미디어 제작비 **1,175억**까지 절감(2024년, AI 도입·효율화 포함).
- 딥브레인AI, 프리-IPO **100억** 조달 계획(2025.6 보도).
- 라이언로켓, 누적투자 **약 135억**(공개 데이터 기준) 및 해외 VC 투자 유치.

AI는 명확한 조건과 맥락이 주어질수록 분석의 초점이 분명해져, 근거 있는 해석과 구체적 사례를 제시한다. 정교한 질문일수록 논리적 깊이와 통찰이 강화되어 심층 분석에 유리하다.

3-1. 구체적인 표현과 함께 목표는 명확히 · 범위는 좁히기

질문을 설계할 때 정량적 표기가 가능한 부분은 정확한 수치 또는 범위로 표현해야 질문의 정확도가 올라간다. 마찬가지로 정해진 시간 범위, 특정 지역 또는 한정된 공간을 명확히 설정해야 한다. 질문의 목적은 '기금 운용', '문제 출제' 등처럼 정보를 어디에 어떻게 활용할 것인지를 중심으로 구체화하며, 그 결과로 만들어질 최종 산출물이 보고서인지 발표 자료인지도 미리 정해주는 것이 좋다. 마지막으로, 그 결과물을 읽거나 보는 대상이 누구인지를 명확히 설정해야 질문의 깊이와 방향이 분명해진다.

기본 프롬프트 형식

#지시
[목적] 위한 [주제] 분석을 요청한다.

#제약조건1
다음 내용을 중심으로 [결과물의 형태]로 작성 :
1) [시간 범위1] 동안 [대상 범위1]의 [내용 범위1] (세부 분석 요소1)
2) [시간 범위2] 동안 [대상 범위2]의 [내용 범위2] (세부 분석 요소2)
3) [시간 범위3] 동안 [대상 범위3]의 [내용 범위3] (세부 분석 요소3)

#제약조건2
무엇을·왜·누가·언제·어디서·어떻게

※내부 비공개 자료와 개인 정보를 프롬프트에 입력하지 않도록 주의
※제약조건을 입력했더라도 결과물을 무조건 믿고 사용해서는 안됨
※학습 자료는 외부에 유출될 수 있기 때문에 외부 공개가 금지된 자료는 학습 금지
※딥리서치의 자료조사 또는 데이터 학습 시 저작권 문제 발생 가능성 있음

3-2. 맥락 · 키워드 고려하기

아무런 배경 설명 없이 질문을 던지기 보다 맥락을 알려주고 질문을 하면, 보다 양질의 응답을 얻을 수 있다. '내가 현재 직면한 문제가 무엇인지', '그 문제에 대해 이전까지 어떤 지식을 가지고 있었으며, 해당 지식을 바탕으로 어떻게 해결해 왔는지', 그리고 '이러한 과정을 통해 궁극적으로 달성하고자 하는 목적이 무엇인지'를 질문 안에 담아야 한다.

질문에 사용되는 키워드는 자료를 검색하고 분석하고 종합하는데 중요한 요소이다. 이러한 키워드에는 전문 용어 · 트렌드 용어 · 정책명 · 프로젝트명 등이 포함된다. 질문을 위한 키워드를 제시할 때는 중의적인 표현을 막기 위한 동의어 · 유사어를 포함하는 것이 좋고, 약어만 사용하는 것보단 전체 이름과 함께 쓰는 것이 좋다. 또한, 국가나 지역마다 동일한 것을 가리키는 용어가 다를 수 있기 때문에 지역 특화 용어를 고려하는 것이 더 정확하고 깊이 있는 결과를 얻을 수 있는 방법이다.

3-3. 다양한 관점 분석하기

딥리서치 활용 시 주의해야 할 점 중 하나는 어떠한 문제를 한 방향에서만 바라본다는 것인데, 이로 인해 분석의 결과와 질문에 대한 답이 객관성을 잃고 설득력이 떨어질 수 있다. 이를 방지하기 위해선 질문 단계부터 다양한 관점과 해석 가능성을 열어두는 방식을 요청해야 한다.

관점	고려사항
SWOT	강점(Strength)·약점(Weakness)·기회(Opportunity)·위협(Threat) 고려
성공/실패	해당 프로젝트가 성공 시·실패 시 결과 고려
지지/비판	해당 정책의 지지자·비판자 입장 고려
경제적/환경적	해당 기업의 경제적 이익과 환경적 피해 고려
단기/장기	즉각적 성과와 지속 가능성 고려
이론적 다양성	서로 상반되는 이론적 배경 등을 고려
정성/정량	의미·맥락의 관점과 객관적 수치·통계적 신뢰성 고려
과거/현재	과거 흐름·패턴·사이클과 현재의 트렌드 고려

이처럼 다양한 시각을 질문에 포함하면, 더 넓고 균형 잡힌 시각을 통한 분석이 가능할 뿐 아니라 미처 발견하지 못한 위험이나 기회를 찾을 수도 있다. 결과적으로, 보다 풍부하고 설득력 있는 자료를 만들 수 있다.

3-4. 정보의 신뢰성 확인하기

딥리서치의 응답을 활용할 때에는 해당 정보에 대한 신뢰성을 고려해야 한다. 딥리서치의 결과가 겉보기에는 설득력 있어 보일 수 있지만, '링크 오류', '페이지 변경', '환각 현상(Hallucination)'과 같이 실제로는 신뢰할 수 없거나 사용할 수 없는 정보가 섞여 있을 가능성이 존재하기 때문이다.

링크 오류	출처로 표시된 링크가 더 이상 작동하지 않는 경우
페이지 변경	링크는 유효하지만, 시간이 지남에 따라 참조되었던 페이지가 변경된 경우
환각 현상 (Hallucination)	실제 존재하는 데이터를 부정확하게 표현하는 경우 · 존재하지 않는 데이터를 만들어내는 경우 · 학습 데이터만을 가지고 일반화하는 경우 등

이러한 오류들을 방지하기 위한 방법 중 하나는 질문 단계에서부터 신뢰성에 대한 필터를 설정하는 것이다. 예를 들면, 초기 질문을 할 때 딥리서치에게 사용할 자료들의 출처를 '공식적으로 발표된 학술 논문, 정부·공공기관 자료, 통계청 등 공신력 있는 기관의 배포 자료' 등으로 한정시키는 것이다. 이후, 응답에 대해 제공된 출처가 한 곳이라면, '직접 열어 확인'하고 '내용의 맥락과 수치가 정확하고 일정한지 검증'해야 한다. 만약 제공된 출처가 두 곳 이상이라면, '직접 확인'뿐 아니라 '교차 검증'을 통해 해당 내용이 거짓이 아닌지 확인해야 한다. 딥리서치의 응답 중 의심이 가거나 불명확한 부분이 있다면 재질문을 통해 한 번 더 확인하는 과정이 필요하다. 즉, 딥리서치의 응답은 최종 결과가 아니라 '초안'으로 간주해야 한다. 제공된 정보를 그대로 인용하기 보다, 직접 출처를 검토하고 비판적으로 해석하는 태도가 더욱 신뢰성 있는 자료를 만드는 방법이다.

3-5. 복잡한 요청은 단계적으로 제시하기

딥리서치에게 복잡한 질문을 한 번에 모두 제시하는 것은 질문의 핵심 의도를 흐리고 방향성을 불분명하게 만들 수 있다. 그러므로 결과 도출까지 시간이 오래 걸리더라도 단계적으로 나누어 질문을 함으로서 각 단계별 정보의 정확성을 높일 수 있고 논리의 일관성을 유지할 수 있으며 분석의 깊이를 점검할 수 있다. 또한, 하나의 단계에 하나의 질문만 하고, 응답 이후에는 해당 질문의 이해 여부를 되묻는 과정을 통해 딥리서치의 견고한 응답을 이끌어낼 수 있다. 나의 질문이 나의 의도대로 잘 전달이 되었는지 확인하고 나아갈 방향을 명확히 할 수 있기 때문이다.

복잡한 요청 한 번에 제시 프롬프트 예시	복잡한 요청 단계적 제시 프롬프트 예시
AI 기반 방송콘텐츠 제작 지원사업의 필요성을 설명하고, 해외 사례와 비교해 예산 타당성을 분석하고, 기획재정부를 설득할 수 있는 근거 자료를 표로 정리	• 1단계 Ai 기반 방송콘텐츠 제작 지원사업의 필요성을 요약 • 2단계 해외 주요 사례(미국, 일본)의 유사 사업을 비교 • 3단계 이 정보를 바탕으로 기재부를 설득할 수 있는 예산 타당성 근거를 정리

chapter 04

딥리서치 유의사항

04 딥리서치 유의사항

4-1. 정보보안

딥리서치를 이용할 때 개인적이고 민감한 정보는 외부로 유출될 위험이 있으므로 개인 신분을 증명할 수 있는 정보나 금융 정보, 건강 정보 등은 절대 입력하지 않아야 한다. 특히 업무 활용 시 공개되어서는 안 되는 내부 자료를 딥리서치에 물어보거나 업로드하지 않도록 주의해야 한다.

안전한 생성형 AI 이용방법 (KCA 정보보호팀, '24.7.4.)

❶ AI에게 질문하기 전에 스스로에게 먼저 질문해 보세요

- (비공개 정보인가?) 공공기관의 정보공개에 관한 법률에 따라 비공개 정보인지 확인
  *정보공개제도 세칙 비공개 대상정보 세부기준에 따라 각 부서에서 지정된 비공개 정보 확인

- (개인 정보인가?) 개인정보를 처리하는 경우, 동의 또는 정당한 이익 등 개인정보 처리에 대한 적절한 법적 근거를 식별해야 함
  *계약 체결/이행, 법령 준수 등에 따라 적법하게 수집한 개인정보는 '수집 목적 범위 내' AI 개발 서비스를 위해 이용 가능
  **정보주체의 자발적인 승낙의 의사표시로서 AI 개발/서비스 목적으로 개인정보 수집/이용 동의를 받은 때에는 동의 범위 내에서 이용 가능

❷ 개인정보 및 민감정보 처리 방법

- (데이터 제어 설정) 채팅기록 및 모델 학습 비활성화 권고
  *ChatGPT 설정 > 데이터 제어 > 모두를 위한 모델 개선 > 끄기

- (개인정보 등 입력 금지) 가명화 및 익명화를 통한 개인정보와 관계 유추 가능성 차단
  * 생성형 AI에 개인정보를 입력하는 행위만으로는 유출에 해당되지 않으나, 생성형 AI 운영사의 과실, 알고리즘 등 기술적 문제로 유출되었다면 개인정보처리자의 의사에 반한 것이므로 유출에 해당

※ 해당 내용에 대한 세부 사항은 문서를 통해 확인

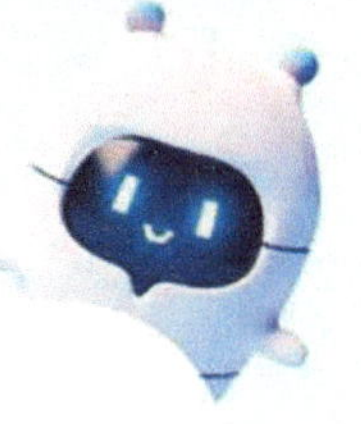

4-2. AI 윤리 책임 및 기타 유의사항

딥리서치 사용은 공정성 · 투명성 · 책임성 · 신뢰성을 기반으로 윤리 기준을 준수해야 하며, 편향이나 차별적 콘텐츠 생성을 방지해야 한다. 특히, 공공영역에서 사실 검증과 개인정보 보호 등 관리 체계를 사전에 갖춰야 하며, 결과물에 대한 책임은 전적으로 사용자에게 있다.

청렴윤리경영 브리프스 - AI와 청렴윤리경영 (국민권익위원회, '23.10)

❶ 투명성

- 알고리즘의 기술적 특징과 설계를 문서화하여 작동 방식과 결과에 도달하는 방법을 이해할 수 있도록 했는가?
- 알고리즘의 동작과 설계 논리에 대한 명확한 설명이 있는가?
- 이해관계자에게 어떤 데이터가 수집되고, 어떤 프로세스가 자동화되는지 명확하게 알려주고 있는가?
- 이해관계자가 시행결과에 접근 및 확인할 수 있는가?

❷ 책임성

- AI 시스템에 책임이 있는 사람이 설계 · 개발 및 배포 과정 전반에 걸친 자신의 책임 및 통제권을 명확하게 알고 있는가?
- 이를 적절히 문서화하여 모든 직원이 이용할 수 있도록 했는가?
- 책임 · 거버넌스 구조 및 위험 관리 프로세스가 지역 및 국제적 상황에 부합하는지 평가하고 있는가?

❸ 개인정보보호

- AI 시스템에 특정 데이터 엑세스가 필요한 이유를 파악하여 엑세스해야 하는 데이터의 양을 줄일 수 있는가?
- AI 시스템에 적용할 수 있는 개인정보 영향 평가 메커니즘이 있는가?
- 적절한 데이터 통제 거버넌스가 마련되어 있는가?
- 사용 중인 데이터의 취약성을 이해하고 있는가? 사용자에게 민감한 개인정보가 있는가?
- 시스템의 수명 주기 동안 시스템에서 생성되는 개인에 대한 인사이트와 개인정보를 동적으로 모니터링할 수 있는 방법이 있는가?

❹ 공정성

- AI 모델에 사용된 데이터에 포함된 의도하지 않은 편향성에 대한 완화 조치를 취했는가?
- AI 시스템으로 인해 취약 계층이 받을 수 있는 영향을 고려했는가?
- AI 시스템이 차별 관련 법 등의 규정을 준수하고 있는가?

❺ 무해성

- AI 시스템에 대한 인권 평가를 수행했는가?
- 안전 설계 원칙을 준수하고 있는가? 시스템 설계 시 취약 계층을 고려하고 보호하고 있는가?
- 기업 차원에서 시스템이 유해한 결과를 초래할 가능성을 매핑하고 적절한 위험 완화 조치를 마련했는가?
- AI 시스템이 창출하는 긍정적인 가치나 영향의 타당성을 증명할 수 있는가?

※ 해당 내용에 대한 세부 사항은 문서를 통해 확인

국내 AI 개인정보 처리 및 보호 관련 안내서

안내서	주요 내용
비정형 데이터 가명처리 기준 (개인정보보호위원회, '24.7)	이미지 · 영상 · 음성 등 비정형 데이터 가명처리 기준 제시
생성형 AI 개인정보 처리 안내서 (개인정보보호위원회, '25.8)	생성형 AI 전 주기별 개인정보 처리 기준과 점검 항목 제시
개인영상정보 보호 · 활용 안내서 (한국정보통신자격협회, '24.10)	자율주행차 · 로봇 · 드론 등 이동형 영상정보 처리기기 촬영 영상을 AI 개발 등에 활용할 수 있는 기준 제시
합성 데이터 생성 · 활용 안내서 (개인정보보호위원회, '24.12)	합성데이터 생성 · 활용 단계별 적법 절차, 원본데이터 전처리 방식, 안전성, 유용성 검증방법 및 지표 등 세부 절차 안내

※ 해당 내용에 대한 세부 사항은 문서를 통해 확인

chapter 05

실전 업무 :

딥리서치 활용 사례 KCA

05 실전 업무 : 딥리서치 활용 사례 KCA

5-1. 공공기관의 ESG 경영 중 G(지배구조)의 효과적인 시행 방안 보고서 작성

목적	ESG 경영에서 G는 가장 어렵고 추상적인 부분이라고 생각해서, 타 공공기관의 벤치마크를 통한 KCA의 효과적인 G 시행 방안 발굴
방법	사기업과 공공기관의 운영 방식이 다를 수 있으므로, 공공기관의 ESG 경영을 벤치마크 요청
딥리서치 질의 내용	『현재 많은 회사와 기관에서 ESG 경영이 시행되고 있습니다. ESG 중 G는 가장 어렵고 추상적인 부분이라고 생각합니다.. 우리(한국방송통신전파진흥원, KCA)가 공공기관으로써 'G'를 효과적으로 시행할 수 있는 방법은 뭐가 있을까요? 그리고 그에 대한 보고서를 작성해주세요. 국내외 동향과 사례, 지표 등이 있으면 함께 설명해주세요. 조건1. G(지배구조)의 윤리경영과 내부통제에 초점 조건2. 목적은 내부 전략 수립 참고용으로 상세 보고서 작성 조건3. 한전, 과기정통부, 행안부 등 공공기관 참고』

딥리서치 결과

16장 분량의 보고서 작성 ※사내 보고서 양식 기준

 ChatGPT

KCA 지배구조(G) 전략: 윤리경영과 내부통제 강화 방안

개요 및 배경

한국방송통신전파진흥원(KCA)은 ESG 경영의 **지배구조(G)** 분야에서 윤리경영과 내부통제 강화를 통해 기관의 투명성과 신뢰성을 높이고 지속가능한 경영 기반을 구축하고자 한다. 지배구조는 ESG 중에서도 기업가치와 직접 연계되어 중요도가 높으며, 부패나 내부통제 부실은 한순간에 조직의 평판과 성과를 추락시킬 수 있다 [1] [2] . 따라서 KCA는 윤리·준법경영 체계를 확립하고 내부통제 시스템을 고도화하여 대내외 이해관계자의 신뢰를 확보하는 전략이 필요하다.

본 보고서에서는 국내외 공공기관·공기업 및 민간기업의 우수 사례를 분석하고, 지배구조 영역의 핵심 구성 요소를 정리한 후, 이를 바탕으로 **윤리경영 실천 방안**과 **내부통제 강화 방안**을 제시한다. 또한 실행 성과를 측정할 **주요 지표**와 **단계별 로드맵**을 제안한다. 보고서는 정부 공식지침, 공기업 ESG 보고서, 연구 자료 등을 참고하여 작성되었다.

1. 국내외 우수 사례 분석

ESG 경영 선도 기관들의 사례를 살펴보면, 윤리경영 정착과 내부통제 강화를 위해 **전담 조직 구축, 외부 전문가 참여, 국제 표준 도입** 등의 공통된 노력이 확인된다. 아래 표는 국내 공공기관/공기업과 민간기업의 대표적 사례를 요약한 것이다.

기관명 (유형)	추요 윤리경영·내부통제 프로그램 및 전략	특징 및 성과
한국전력공사 (공기업)	- 사장 직속 **준법경영실** 신설 (공기업 최초) [3] - 경영진 및 **사외 전문가 참여 청렴윤리위원회** 운영 [4] - **내부통제 자가진단** 실시, 전사 교육 강화 [4]	내부통제 강화 및 윤리경영 노력으로 **컴플라이언스 대상 수상** 등 대외 인정 [4] . 감사원 평가 **내부통제지원 1위** 달성으로 청렴문화 확산 성과 [5] [6] .
한국수자원공사 (공기업)	- CEO 주관 **청렴내부통제위원회** 신설 및 정례 운영 [7] - **준법경영 전담조직** 신설 및 **준법통제관** 제도 도입 [6] - **ISO 37001(부패방지)** 전사 인증 취득 [8] - **AI기반 내부통제 모니터링** 시스템 구축 [8]	**전사 부패방지 시스템 구축** 및 AI 활용 등 혁신적 내부통제로 업무 투명성 제고. 감사원의 공공부문 내부통제 가이드라인 기반 자율통제체계 도입 [9] . 윤리경영 실천을 통해 "모든 의사결정에 투명성과 공정성을 높여 국민에게 신뢰받는 윤리기업으로 나아갈 것"이라는 비전을 제시 [9] .
네이버클라우드 (민간기업)	- 국제표준 **부패방지경영시스템(ISO 37001)** 인증 획득 (업계 최초) [10] - 전담 **컴플라이언스 조직** 운영 및 임직원 윤리규범 준수 교육 실시 - **내부신고 채널** 구축 및 윤리규범 위반 원스트라이크 아웃제 적용	ISO 37001 인증으로 **조직 내 부패 위험 사전방지 및 경영 투명성 제고** [10] . 업계 모범사례로 대내외 신뢰도 향상. 또한 한화 등 대기업들도 ISO 37001 인증을 잇따라 취득하며 부패방지 경영시스템 도입 추세 [11] .

위 사례들에서 보듯, 공공부문에서는 정부 및 감사원의 지침 아래 **청렴윤리위원회**나 **내부통제위원회**를 구성하고, **CEO 직속 준법경영 조직**을 신설하는 등 톤-앳-더-탑(tone-at-the-top)의 강력한 의지 표명이 돋보인다. 또한 부패방지경영시스템(ISO 37001) 인증과 같은 **국제 표준 도입**, 전사적 **교육 및 자가진단** 시행, **ICT를 활용한 모니터링**으로 실효성을 높이고 있다 [8] [9] . 민간기업들도 ESG 평가지표에서 거버넌스 비중이 높아짐에 따라(한국ESG기준원의 ESG 평가에서 G 부문 가중치가 약 53%로 가장 높음 [12]) 자율적 윤리·준법경영 강화에 주력하고 있다. 특히 대기업들은 **사외이사 중심의 ESG위원회**나 **준법감시위원회** 설치, 글로벌 컴플라이언스 프로그램 도입에 적극적이며, 삼성 등 일부 기업은 내부 독립 **컴플라이언스위원회**를 신설하여 최고경영진도 견제토록 하는 혁신을 도모하였다. 국제적으로도 OECD는 **뇌물**

방지 권고안(2021)에서 "효과적인 내부통제·윤리·컴플라이언스 프로그램을 갖춘 기업에 인센티브를 부여할 것"을 권고하고 **내부감사 강화, 내부고발자 보호** 등을 강조하고 있다 [13] [14]. 이러한 글로벌 기준은 공기업과 민간기업 모두에 동일하게 적용되어야 하며, 공공·민간 부문 간 **준법경영 수준 격차 해소**도 권고되고 있다 [15].

특히 국내 공공기관들의 경우 국민권익위원회의 **청렴도 평가**, 기획재정부 주관 **공공기관 경영평가** 등에서 윤리경영과 내부통제가 중요한 비중을 차지한다. 예컨대 한국언론진흥재단은 2010년대 초반부터 임직원 **행동강령 제정, 클린 신고센터 구축, 윤리경영 전담조직** 확대, **청렴계약제** 도입 등 선제적인 노력을 기울여 2013~2015년 공공기관 청렴도 평가 2등급(우수)을 지속 달성하였다 [16] [17]. 또한 **원스트라이크 아웃제**(부패행위자 즉시 퇴출), **윤리경영 옴부즈만** 신설, **위험기반 감사(RBA)** 도입 등을 통해 조직문화를 개선한 바 있다 [18]. 이러한 사례들은 KCA와 같은 공공기관이 벤치마킹할 수 있는 가치 있는 경험을 제공한다.

2. 지배구조(G) 영역의 핵심 구성 요소

ESG의 지배구조(G) 영역에서는 투명하고 책임있는 의사결정 구조를 마련하기 위한 여러 요소들이 강조된다. 특히 KCA와 같은 공공기관의 상황을 고려할 때, 다음 **핵심 구성 요소**들을 중심으로 관리체계를 점검·강화해야 한다.

- **이사회 구성 및 독립성:** 이사회는 기관의 최고 의사결정기구로서, **구성의 다양성과 독립성**이 중요하다. 사외이사(외부위원)의 비율을 높이고 대표이사와 이사회 의장의 분리 등을 통해 독립성을 확보해야 한다. 국내 상장사의 경우 사외이사 비율이 평균 59% 수준에 머물러 미국(94%) 등에 비해 낮은데 [19], 공공기관도 업무 전문성과 이해관계자 대표성을 겸비한 외부 전문가를 이사회에 포함시켜 견제와 균형을 이루는 것이 필요하다. 또한 이사회 내에 **감사위원회**나 **윤리·준법경영위원회**를 설치하여 전문성을 강화하고, 중요 윤리정책은 이사회에서 심의·승인하도록 절차화해야 한다.

- **윤리경영 제도:** 윤리경영을 뒷받침하는 제도로는 **윤리헌장** 및 **임직원 행동강령** 제정, **임직원 윤리서약** 등이 있다. 행동강령은 이해충돌 회피, 금품수수 금지, 공정한 직무수행 원칙 등을 규정하여 임직원의 의사결정 기준이 된다. 또한 **윤리경영위원회**(또는 청렴윤리위원회)를 구성해 윤리경영 추진 상황을 점검하고 부패취약 분야 개선 대책을 심의한다 [7]. 임직원 행동강령 위반 시 **원스트라이크 아웃제** 등 엄격한 징계제도를 운용하고, **윤리경영 옴부즈만**이나 **외부 제보 접수창구**를 통해 외부의 시각으로 감시하는 장치도 두는 것이 바람직하다.

- **내부통제 시스템:** 내부통제란 조직 내 **위험을 식별·예방하고 오류와 부정을 방지**하기 위한 절차와 규정을 말한다 [20]. 효과적인 내부통제를 위해 **내부통제 기준**을 수립하고 전사 프로세스에 내재화해야 한다. 주요 요소로 △**통제환경**(윤리적 조직문화, 경영진 의지) △**위험평가**(업무별 리스크 식별) △**통제활동**(결재절차, 직무분리, 권한체계 등) △**정보 및 소통**(내부통제 관련 정보 보고체계) △**모니터링**(내부감사 및 실효성 점검)이 있다. 특히 공공기관은 감사원의 공공부문 내부통제 가이드라인 등에 맞춰 **자체 내부통제평가**를 시행하고, 청백-e 시스템 등 **전산 기반 통제시스템**을 활용하여 상시 모니터링이 이루어지도록 해야 한다.

- **감사 및 컴플라이언스:** 감사기구는 내부통제의 효과성을 담보하는 중요한 축이다. **내부감사부서(상임감사 또는 감사실)**를 독립적으로 운영하여 회계, 업무 전반의 감사를 수행하고, **감사위원회**를 통해 감사의 독립성을 확보한다. 또한 **컴플라이언스(compliance) 프로그램**을 도입하여 법령준수와 윤리규범 위반을 사전에 예방해야 한다. 컴플라이언스 담당조직(예: 준법감시인, 준법지원인 제도)과 **준법감시기준**을 마련하고, 중요 법규 위반 발생 시 즉각 경영진에 보고되며 시정조치가 이루어지는 **체계**를 확립한다 [20]. 이해충돌 방지, 공정거래 자율준수, 정보보호 등 분야별 컴플라이언스 지침도 수립하여 운영한다.

이상의 구성 요소들은 상호 유기적으로 작동할 때 시너지 효과를 낸다. 예를 들어, **윤리적 기업문화(통제환경)** 없이는 아무리 좋은 규정이 있어도 실행력이 담보되지 않는다. 따라서 이사회와 경영진의 리더십 아래 윤리경영 제도와 내부통제 시스템, 감사·컴플라이언스 기능이 정렬(alignment)되어 돌아가도록 하는 거버넌스 체계 구축이 핵심 과제이다.

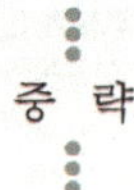

중 략

이미 ESG 경영위원회를 발족하고 단계적 추진계획을 수립하는 등 노력을 기울이고 있는 만큼 [35] , 이러한 지표 기반의 체계적인 성과관리로 한층 성숙한 ESG 거버넌스를 구현할 수 있을 것이다.

6. 전략 실행 로드맵

마지막으로, 상기한 전략들을 체계적으로 이행하기 위한 **단계별 로드맵**을 제시한다. KCA의 여건과 대내외 환경을 고려하여 단기(즉시~1년), 중기(2~3년), 장기(4~5년) 관점에서 실행 일정을 수립한다.

- **1단계 (단기: ~2026년)** – 체계 구축 및 기반 조성: 윤리경영·내부통제 강화의 **기반 조성** 단계이다. 구체적으로, △**윤리경영 추진체계 구축**: 윤리경영위원회 구성 및 윤리경영 헌장 선포, 임직원 행동강령 전면 개정. △**내부통제 조직 정비**: 내부통제 총괄 조직/인력 지정(준법경영실 역할 강화) [3] , 내부통제 규정 제정 및 위험평가 실시. △**교육·인식제고**: 전 직원 청렴교육 시행, 청렴 서약식 및 캠페인 전개. △**실태 진단**: 부패취약분야 및 통제취약점 전수조사, 이해충돌 자기진단 시행. △**Quick Win 추진**: 당장 개선 효과가 큰 과제 실행 (예: 클린신고센터 구축 [16] , 정보공개 프로세스 개선, 일부 규정 개정). 또한 이 단계에서 **ISO 37001 인증 준비작업**에 착수하여 필요한 절차와 통제를 설계한다.

- **2단계 (중기: 2027~2028년)** – 전사 실행 및 내재화: 기반 위에 구체적 프로그램들을 **전사적으로 실행**하는 단계이다. △윤리경영 프로그램 가동: 행동강령 준수 여부 모니터링, 우수윤리사례 포상, 갑질·부패 신고 활성화 등 앞서 마련한 윤리경영 프로그램을 전사 전파. △내부통제 고도화: 위험기반 감사(RBA) 실시 [26] – 리스크 높은 업무에 감사 집중, 내부회계관리제도 시범 운영 및 개선, 통제 활동 표준매뉴얼 배포. △**인증 및 평가**: ISO 37001 인증 획득 추진 (2027년 목표), 국민권익위 청렴도 평가 목표 등급 달성(예: 2등급). △**성과 모니터링**: 설정한 KPI에 따라 첫 해 성과 측정 및 미흡 분야 보완. △**조직문화 정착**: 윤리경영이 일상화되도록 경영진 메시지와 교육을 지속하고, 신규 입직자부터 청렴DNA를 심는 노력 전개. 이 시기에는 KCA의 ESG 성과를 대외 발표(홈페이지 공시나 보고서 발간)하여 **성과에 대한 대국민 소통**을 시작한다.

- **3단계 (장기: 2029년~)** – 고도화 및 지속발전: KCA의 윤리·내부통제 체계를 **고도화하여 지속 발전**시키는 단계이다. △**글로벌 스탠다드 부합**: ISO 37001에 이어 필요한 경우 ISO 37301(컴플라이언스) 인증 추진, ESG 글로벌 프레임워크 권고사항 (예: GRI, SASB의 거버넌스 공시기준) 반영 검토. △**지속적 개선 사이클**: 내부통제에 대해 **Plan-Do-Check-Act(PDCA)** 사이클이 정착되어 변화하는 리스크에 기민하게 대응. 예컨대 새로운 사업 도입 시 사전에 리스크평가를 거쳐 통제장치를 설계하는 프로세스 마련. △**벤치마킹과 협력**: 국내 최고 수준의 윤리·준법경영을 실천하는 기관들과 교류하며 벤치마킹을 지속. 국제기구(OECD 등) 주관 반부패 이니셔티브에 참가하거나 공공기관 청렴협의회 활동을 통해 최신 동향을 습득. △**성과의 제도화**: 그동안 임의로 운영되던 우수한 내부통제 관행은 기관 제도로 승격하고, 반대로 효과 미미한 정책은 폐지하여 **정책 포트폴리오를 최적화**. 장기적으로 KCA가 **ESG 경영 모범 공공기관**으로 자리매김하여, 대외 평가와 국민 신뢰도에서 최상위권을 유지하는 것을 목표로 삼는다.

로드맵 이행 과정에서 **변화관리(Change Management)**도 병행해야 한다. 새로운 규정과 절차 도입에 따른 임직원의 혼란을 최소화하고 능동적 참여를 이끌어내기 위해, 워크숍과 의견수렴 창구를 운영하여 **현장의 목소리**를 반영한다. 또한 중간단계마다 성과를 공유하고 성공사례를 전파함으로써 구성원들의 **자부심과 동기부여**를 높인다. 이러한 단계별 추진을 통해 KCA는 "청렴하고 투명한 방송통신 전파진흥 전문기관"이라는 미션을 충실히 이행하고, ESG 경영 측면에서도 **탁월한 거버넌스**를 갖춘 기관으로 평가받게 될 것이다.

결론 및 기대효과

KCA의 지배구조(G) 영역 강화전략으로 제시된 윤리경영 및 내부통제 개선방안을 통해 얻을 수 있는 기대효과는 매우 크다. 우선, **부패 리스크 감소와 청렴도 제고**로 대국민 신뢰도가 높아지고 [9] , 이는 곧 기관에 대한 평판 개선과 업무추진 동력으로 이어진다. 둘째, **투명하고 책임있는 의사결정** 문화가 정착되어 조직 구성원 간 신뢰와 팀워크가 강화된다. 셋째, **법규 준수와 위험관리 수준 향상**으로 법적 제재나 사고 발생 가능성이 낮아져 안정적인 경영이 가능해진다. 넷째, ESG 평가 등급 개선, 정부 경영평가 우수등급 달성 등 **외부 평가** 측면에서도 성과를 거둘 것으로 기대된다. 나아가

딥리서치
결과

KCA의 이러한 노력은 방송통신 분야 전반의 **청렴 생태계 조성**에도 기여하여, 유관 기관·업계의 윤리의식을 높이는 파급 효과를 가져올 것이다.

요컨대, 윤리경영과 내부통제는 단순한 관리 차원을 넘어 **KCA의 경쟁력**이자 **지속가능발전의 기반**이다. 이번 전략 실행을 계기로 KCA가 **ESG 거버넌스의 모범 사례**로 자리매김하고, 공공기관으로서 사회적 가치 실현과 국민 신뢰 확보에 한층 더 기여하기를 기대한다.

참고 자료: 공기업·공공기관 ESG보고서, 국민권익위 반부패청책 자료, 한국ESG기준원 자료, KEPCO·K-water 등 기관 보도자료 및 공식 홈페이지 [3] [4] [8] [9] [10] [18] [16] 등.

---

[1] [2] [11] ESG경영 필요성 : ESG 지배구조 (G, 거버넌스) 놓치면 낭패 봅니다.
https://crebizqm.tistory.com/7

[3] 한전, 내부통제체계 본격 운영…업무 투명성·책임감 높인다 - 전기신문
https://www.electimes.com/news/articleView.html?idxno=343544

[4] 한국전력기술, 2024년 내부통제경영 '윤리 리더십상' 수상
http://www.energydaily.co.kr/news/articleView.html?idxno=151525

[5] [6] [7] [8] [9] [28] [31] kwater.or.kr
https://www.kwater.or.kr/news/repoView.do?brdId=KO26&s_mid=36&seq=136283

[10] 네이버클라우드, 부패방지경영시스템 인증 획득…CSP업계 최초 - 아시아경제
https://www.asiae.co.kr/article/2022010508255864852

[12] [단독] "韓대표하는 KCGS ESG평가, 투명성·엄격성 결여" - 한국경제
https://www.hankyung.com/article/2023091524841

[13] [14] [15] 보고서 리뷰 | 청렴윤리경영 브리프스
https://m.acrc.go.kr/briefs/78d9b88eb87fe2cd8f980c76c619c538548c32d0f1101a3674934afaff6b0cbc/sub_3.html

[16] [17] [18] [21] [22] [23] [25] [26] 한국언론진흥재단
https://www.kpf.or.kr/front/intropage/intropageShow.do?page_id=4ece1a706c90476c870c2574e20cd286

[19] 삼일PwC "이사회 독립성과 전문성, 이사회 우선 과제로 다뤄야"
https://m.joseilbo.com/news/view.htm?newsid=532821

[20] 윤리경영 관련 용어 소개 No.28 내부통제제도(Internal Control System...
https://www.kbei.org/new/05info/s_5.php?action=view&bid=study&idx=68&sopt=&sval=

[24] 보도자료(~2024) - 한국서부발전
https://www.iwest.co.kr/iwest/1264/subview.do

[27] 한국전력 청렴업무 사장 직속 '준법경영실'로 이관, "예방 중심 청렴윤리 ...
https://www.businesspost.co.kr/BP?command=article_view&num=391218

[29] 한전, 내부통제·윤리준법경영 등 경영활동 우수 공공기관 선정
http://www.seoulwire.com/news/articleView.html?idxno=676872

[30] 개별평가 - 중앙행정기관 평가 - 정부업무평가제도
https://www.evaluation.go.kr/web/page.do?menu_id=28

[32] K-ESG 가이드라인 - ESGKO, 한국ESG경영원
https://esgko.com/k-esg-%EA%B0%80%EC%9D%B4%EB%93%9C%EB%9D%BC%EC%9D%B8/

- 여러 공기업/공공기관의 사례를 한번에 비교 분석할 수 있어서 보고서 작성의 편의성 및 효율성 증대
- KCA의 사례를 질의에 입력하지 않아도 딥리서치가 직접 검색하여 답변을 하기 때문에, 보다 기관에 알맞은 답변 도출 가능
- 표와 같은 시각화 자료 활용으로 보고서 내용 이해 도움
- 딥리서치 사용 시, 내용 간의 부드러운 연결을 통해 규격화된 형식을 갖춤
- 딥리서치 미사용시, 보고서의 형식이 출처에서 가져온 내용의 단순 나열

5-2. 정보통신기술사 문제 분석을 통한 트렌드 파악 및 향후 방향성 제시

목적

- 과거부터 현재까지 정보통신기술사 기출 문제의 트렌드를 파악하고, 향후 문제 출제 시 참고사항으로 사용
- 정보통신기술사 문제가 최신 기술에 대한 내용을 포함하고 있는지 파악

방법

- 2012년 1회차부터 2025년 2회차까지 정보통신기술사 기출 문제를 딥리서치에 학습
- 문제의 트렌드 분석 및 향후 문제 은행 갱신 방향 요구

딥리서치 질의 내용

『우리 기관(한국방송통신전파진흥원, KCA)은 정보통신기술사 자격시험을 주관하는 공공기관입니다.

첨부파일은 2012년 1회차부터 2025년 2회차까지의 정보통신기술사 필기 시험 기출 문제 파일입니다.

나는 이 파일을 통해 아래와 같은 분석을 하고 싶습니다.

1. 시간변화에 따른 정보통신기술사 출제 유형을 분석
2. 문제 유형의 변화가 당대 등장하는 신기술에 대한 지식을 포함하고 있는지 확인
   ※예 : 24년 본격적으로 등장한 '양자 내성 암호'라는 개념이 24년 시험에 반영되었는지
3. 앞으로 나올 정보통신 관련 신기술은 무엇이 있을 것 같고, 어떤 유형으로 문제가 출제될지 예상

이 분석의 목적은 아래와 같습니다.

1. 시간에 따른 문제 유형이 일관되지 않고 고루고루 출제되었는지 확인
2. 기간별 트렌드 변화 분석을 통해 특정 회차에서 난이도가 급변하는 요소를 식별하고, 불필요한 난이도 편차를 줄여 시험의 공정성을 높이기 위함
3. 향후 출제될 예상 문제 및 신기술 관련 문제 분석을 통해 기존 문제 은행(Pool)을 갱신하고 확장할 때 우선순위와 방향을 설정

조건1. 결과물은 한국어로 작성

조건2. 신기술의 범위는 '양자' 또는 '6G' 같이 우리나라 및 전 세계에서 연구 중이거나 연구 예정인 기술들』

ChatGPT

정보통신기술사 기출문제 출제 경향 분석 (2012-2025)

1. 연도별 문제 분야 출제 경향 변화

폭넓은 분야별 출제 현황: 2012년부터 2025년까지 정보통신기술사 필기시험 문제는 **무선통신, 유선통신/네트워크, 광통신, 방송/미디어, 보안, 설계/감리** 등 다양한 분야를 망라했습니다. 이 중 **무선통신** 분야는 매년 빠짐없이 다수 출제되어 가장 빈도가 높았습니다. 예를 들어 2012년에는 LTE, 5G 등 **이동통신 기술 동향**을 묻는 문제가 등장했고 [1], 2025년에도 Wi-Fi 저전력 기술(TWT) 등 **무선 네트워크 기술** 관련 문제가 계속 출제되었습니다 [2]. 반면 **광통신** 분야 문제는 상대적으로 드물게 출제되었습니다. **광섬유 전송기술**이나 **FTTH** 관련 문제가 가끔 나오긴 했으나 (예: 2014년에 차세대 광가입자망 기술 설명 문제 [3], 2021년에 단일모드 광섬유 전송특성 문제 [4]), 몇 년 동안 광통신 주제가 아예 등장하지 않은 해도 있어 **출제 빈도가 낮고 간헐적**이었습니다.

방송/미디어 분야 문제는 **초기 2010년대에 비교적 자주** 나왔으나, **2015~2018년경 일시적으로 빈도 감소**를 보였습니다. 2012년~2014년에는 디지털 방송 전환 이슈에 힘입어 **지상파 DTV, 3D TV, UHD 방송** 등 방송기술 문제가 꾸준히 출제되었지만 [5] [6], 2016년에는 관련 문제가 거의 없다가, **ATSC 3.0 기반 방송서비스**나 **재난 경보방송** 같은 문제가 2019년 이후 다시 등장하는 등 **출제 주기가 불규칙**했습니다 [6].

보안 분야는 **2010년대 중반까지는 출제가 드물고** 주로 다른 분야와 결합되어 언급되는 수준이었으나, **2020년대 들어 빈도가 뚜렷이 증가**했습니다. 2012~2015년에는 **네트워크 보안**이나 **암호기술**이 언급되는 문제가 연간 1~2문제 수준이었으나, 2020년 이후 **IoT 보안, 차량 보안, 데이터 암호화** 등 **정보보안 문제가 거의 매 회차 출제**되고 있습니다. 예를 들어 2017년에는 **스마트카 보안 위협 요소**를 다루는 문제가 출제되었고 [7], 2021년에는 **네트워크 보안 및 암호 기술** 문제가 5문제 이상 포함되어 보안 비중이 크게 늘었습니다. 2025년에도 **양자 암호 통신** 등이 주요 문제로 다루어져 보안 최신기술을 다루는 경향이 강화되었습니다 [8].

유선통신 및 네트워크 분야 문제는 **초기에는 통신망 구축, 프로토콜, 인터넷 기술** 등에 대한 설명형 문제가 자주 나왔으나, 2016년 이후 무선과 융합되거나 **신기술 등장으로 비중이 약간 감소**했습니다. 2012년~2014년에는 **MPLS망, DNS, IPv6, 망 분리** 등 **데이터 통신망** 관련 문제가 꾸준히 있었으나 [9] [10], 2018년 전후로는 해당 영역의 단독 문제보다 **SDN/NFV, 클라우드 기반 네트워킹**처럼 **신기술과 결합된 형태**로 출제되는 양상이 두드러집니다. 다만 2021년에는 **TCP/IP 프로토콜 비교** 같은 전통 네트워크 문제가 다시 출제되는 등 [11], 기본 개념 점검은 지속되고 있습니다.

설계/감리 및 법규 분야 문제는 **최근으로 갈수록 비중이 높아진 분야**입니다. 과거(2012~2015년)에는 **정보통신공사 감리절차**나 **시공관리**처럼 일부 회차에만 출제되었지만 [12], 2020년대에는 **설계 기준, 유지관리, 법령** 등 **프로젝트 관리형 문제**가 거의 매 회차 여러 문제씩 출제되고 있습니다. 예를 들어 **BIM 기반 설계 의무기준**이나 **감리원의 직무 및 배치기준** 같은 문제가 2020년대에 새롭게 등장했고 [13] [14], 2025년에도 **실시설계 프로세스와 산출물 작성기준** 문제 등 **설계·감리 주제**가 크게 강조되었습니다 [15]. 이처럼 **실무적 프로젝트 관리와 법규 이해를 묻는 문항**이 꾸준히 늘어나고 있어, 문제은행 갱신 시 해당 분야 문항 확충이 요구됩니다.

특정 분야의 출제 주기 및 소외: 이상의 경향을 요약하면, **무선통신**과 **설계/감리** 분야는 거의 매년 다수 문제가 출제되어 **항상 중요한 비중**을 차지하고 있습니다. **유선 네트워크**와 **방송** 분야는 **격년이나 이년 주기 정도로** 기출에 등장하여, 기술 이슈가 있을 때만 출제되는 경향을 보입니다. **광통신** 분야는 일부 회차를 제외하면 존재감이 미미하여 사실상 **출제 비중이 가장 낮은 소외 분야**라 할 수 있습니다. 한편 **정보보안**과 **신기술 융합** 분야는 2020년 전후를 기점으로 **출제 빈도가 높아지는 추세**이며, 특히 **AI, 블록체인, 5G/6G, 양자통신** 등 신기술 주제가 포함된 문제들이 최근 **주기적으로 등장**하고 있습니다 (뒤 섹션 참조). 전반적으로 **출제 범위가 넓어지는 가운데**, 한때 다수 출제되던 **기초 이론**(정보이론, 전파공학 등) 문제의 상대적 비중은 줄고, **응용 및 최신동향** 관련 문제가 늘어가는 방향으로 출제 경향이 변화했습니다.

딥리서치
결과

2. 문제 형식(출제 유형) 변화 추이

설명형 문제 중심에서 형식 다변화: 2010년대 초반에는 주로 **기술 개념을 서술**하는 **설명형 문제**가 대부분이었습니다. 예를 들어 2012년도 문제지를 보면 1교시와 2교시를 막론하고 상당수 문제가 "~에 대하여 설명하시오"형태로 출제되어 기본 개념 이해를 묻고 있습니다 [5] [16]. 그러나 이러한 **단순 서술형** 일변도의 구성은 시간이 지날수록 **비교형, 설계형, 적용사례형 등 다양한 형식**으로 분산되고 있습니다.

- **비교형 문제:** 두 가지 이상의 기술을 **비교 설명**하도록 요구하는 문제는 2010년대 중반부터 크게 늘었습니다. 2013년까지는 비교형 문제가 드물었으나, 2014년 이후 거의 매 회차마다 **기술 요소 비교** 문제가 출제되고 있습니다. 예를 들어 **"통합서비스와 차등서비스 모델의 차이점 비교"**(2017년), **"LTE와 5G의 기술 비교"**(2020년) [17] 처럼 **신·구세대 기술 비교**나 **유사 기술간 차이점**을 묻는 문제가 대표적입니다. 이러한 문제들은 수험자가 각 기술의 장단점을 명확히 대비하여 제시할 것을 요구하며, 출제 비중이 약 10~15% 수준까지 증가했습니다.

- **설계형 문제: 주어진 조건에 맞는 통신망/시스템 설계 방안을 제시**하거나 **절차를 설계**하는 문제도 꾸준히 늘었습니다. 2010년대 초에는 설계형 문제가 드문 편이었으나, 2015년 이후 **망 구성도 작성, 구축 방안 제안, 설계 시 고려사항** 등을 묻는 문제가 많이 등장합니다. 예를 들어 **"사무실에 Wi-Fi AP를 설치하기 위한 구성도와 보안설정 방안을 기술하시오"**(2017년)처럼 **소규모 네트워크 구축 설계**를 묻거나 [18], **"통합배선반 설비 구성요소 및 설치 시 고려사항"**(2025년)처럼 **건축 배선 설계 시 체크포인트**를 묻는 문제가 출제되었습니다 [19]. 설계형 문제는 출제 초기에는 드물었으나 현재는 전체의 10% 이상을 차지하며 **복잡한 요구조건을 종합적으로 고려하는 응용력**을 평가하고 있습니다.

- **계산형 문제: 수식이나 수치를 계산**하게 하는 문제는 **항상 출제 비중이 가장 낮은 편**입니다. 2012~2015년에도 **BER 계산, 링크 예산** 등의 계산 문제가 가끔 있었고 [20], 2020년대에도 **BPSK 최대 전송거리 산출**(2017년) [21], **QPSK BER 계산**(2015년) [22] 등의 문제가 등장했으나, **매 회 0~1문제 정도**에 그쳐 드물게 출제됩니다. 계산형 문항은 난이도가 높고 서술시험 특성상 제한적으로만 포함되고 있으며, **출제 빈도는 크게 변하지 않고 일관되게 낮은 수준**을 유지하고 있습니다.

- **적용사례형 문제: 신기술의 응용 사례나 대책**을 묻는 문제는 최근 크게 늘어난 유형입니다. 과거에는 "응용 사례를 설명하시오" 형태의 문제가 드문 편이었으나, 2020년 전후로 **특정 시나리오에서의 기술 적용 방안, 보안 대책, 활성화 전략** 등을 묻는 문제가 증가했습니다. 예를 들어 2018년에는 **"소형셀 간섭 현상과 해소 기술 설명"**과 같이 문제 상황에 대한 대책을 묻는 문제가 출제되었고, 2021년에는 **"스마트시티에서 IoT 활용방안"**, **"재난문자 Cell Broadcast 서비스 제공방안"** 등 **실제 적용 시나리오**를 전제로 한 문제가 여러 개 출제되었습니다 [23]. 이러한 적용형 문제는 **수험자가 단순 이론뿐 아니라 현실 사례와 대응책**까지 생각하도록 유도하며, 2020년대에는 매 회차 4~5문제 이상 등장하여 **출제 비중이 이전 대비 크게 증가**했습니다.

복합형 문제 등장: 또한 한 문항 내에 **여러 형식이 혼합**된 경우도 늘었습니다. 예를 들어 **"기술 개념을 설명하고, 기존 방식과 비교하시오"**, **"특성을 설명하고 적용 방안을 제안하시오"**처럼 **설명 + 비교, 설명 + 제안** 형태로 두 가지 요구를 한 문제에 담는 경우입니다 [15]. 이러한 복합형 문제는 최근 신기술 관련 문제에서 특히 많아졌으며, 수험자의 **종합적인 이해도와 응용 능력을 동시에 평가**하고 있습니다. 종합하면, **시험 난이도 조정 측면에서 문제 형식이 다양화**되고 있으며, **단순 암기 설명형 비중이 감소**하고 **비교/설계/사례형의 비중이 꾸준히 늘어나는 추세**입니다. 향후 문제 은행 구성 시에도 이러한 형식별 분포 변화에 맞춰 **다양한 유형의 문제를 균형 있게 포함**시키는 전략이 필요합니다.

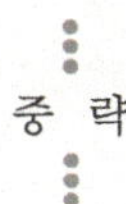

2025년 문제처럼 **기존 암호방식과의 비교**를 요구하는 등, **양자기술의 실용화에 따른 응용 및 평가 관점**이 최근 출제되고 있음을 알 수 있습니다.

以上의 사례들을 통해, **시험 출제는 새로운 기술이 산업/학계에서 화제가 된 후 1~3년 내에 개념단계 문제로 등장**하고, 이후 기술이 성숙됨에 따라 **구체적인 구현 사례나 기존 기술과의 비교 문제로 발전**하는 경향을 확인할 수 있습니다. 시험 **반영 시차**는 AI, 블록체인처럼 비교적 짧은 경우도 있고, 양자통신처럼 개념 소개 후 한동안 공백이 있다가 다시 심화 출제되는 경우도 있습니다. 하지만 전반적으로 정보통신 분야의 **주요 혁신 기술들은 빠르면 1~2년, 늦어도 3~4년 내에는 시험에 등장**해왔다고 볼 수 있습니다. 또한 단순 **키워드 언급에 그치지 않고**, 해당 기술의 **원리, 장점/한계, 적용 방안** 등 **실제적 이해를 요하는 형태**로 문제화되고 있다는 점이 중요합니다. 예를 들어 단순히 "블록체인 정의"를 묻는 것을 넘어 **미들웨어 활용상의 이점과 구현 고려사항**까지 묻는 식으로 [27], 피상적인 키워드 열거가 아닌 **심층적 설명**을 요구하고 있습니다. 이는 수험자가 신기술을 단순 암기가 아니라 **원리부터 응용까지 통합적으로 학습**해야 함을 시사합니다.

3.2 향후 신기술 동향 및 예상 출제 방향

향후 정보통신 분야에서는 **차세대 네트워크와 AI 융합**을 비롯한 다양한 신기술이 대두되고 있으며, 이러한 흐름은 시험 출제에도 반영될 것으로 예상됩니다. **국내외 기술로드맵**과 **산업계 동향보고서**를 참고할 때 주목해야 할 신기술과 예상 문제는 다음과 같습니다:

- **양자인터넷:** 양자암호/양자통신을 넘어 **양자인터넷(QI)** 개념이 연구되고 있습니다. **양자인터넷**이란 멀리 떨어진 양자 컴퓨터들 간에 **양자 얽힘 정보를 공유할 수 있는 네트워크**로서, 기존 인터넷과 전송 원리가 근본적으로 다릅니다. 이미 시험에 양자통신 개념이 등장한 바 있으므로, **양자인터넷의 구조와 구현 기술**을 묻는 문제가 예상됩니다. 예를 들어 "양자인터넷의 개념과 핵심 구성요소(양자 중계기 등)를 설명하고, 기존 TCP/IP 기반 인터넷과의 차이를 논하시오." 같은 문제를 통해 **양자인터넷의 필요성 및 극복과제**를 비교하게 할 수 있습니다. 이 문제는 **기존 양자통신 출제 경험(2021, 2025년)**을 바탕으로 한 단계 확장된 주제가 될 것입니다. 형식은 **설명형+비교형**으로, 현재 인터넷과 대조하며 수험자의 통찰을 묻는 문제가 될 가능성이 높습니다.

- **네트워크 슬라이싱(Network Slicing):** 5G 핵심 기술인 네트워크 슬라이싱은 아직 기출문제로 직접 등장하지 않았지만, **6G/B5G 시대에도 지속 중요**할 전망입니다. 네트워크 슬라이싱은 하나의 물리망을 용도별로 분리하여 **가상 전용망을 제공**하는 기술로, **5G 표준의 주요 개념**입니다 [31]. 예상 문제로는 "네트워크 슬라이싱의 개념과 구현 기술을 설명하고, 기존 망 분할 방법(VPN 등)과의 차이점을 비교하시오."를 들 수 있습니다. 이 문제는 **비교형** 형태로 출제되어, 수험자가 슬라이싱을 기존 기술과 대비하며 장단점을 설명하도록 할 가능성이 있습니다. 이미 과거 기출에 **MPLS VPN, SDN** 등의 가상망 기술이 출제된 바 있으므로 [32] [33], 이러한 배경지식을 바탕으로 **동일한 맥락에서의 응용 문제**로 출제될 것으로 보입니다.

- **Beyond 5G 통신기술 (테라헤르츠파, 위성-지상 융합망 등):** 6G를 포함한 **B5G 기술**에서는 **테라헤르츠 대역 통신, 초저지연 Holographic 통신, 위성 인터넷** 등이 핵심으로 논의됩니다. 시험에서는 이미 6G 개념을 등장시켰으므로, 후속으로 **구체적인 B5G 기술 요소**를 묻는 문제가 예상됩니다. 예를 들어 "6G 이동통신에서 고려되는 테라헤르츠파의 특성과 활용 방안"이나 "비지상망(NTN)을 활용한 위성-지상 융합 네트워크 구성 방안" 같은 **설계형 문제**가 나올 수 있습니다. 이 경우 **전파 특성 계산**이나 **망 구성도 제시** 등의 요구가 포함되어, 단순 이론이 아닌 **응용설계형**으로 출제될 가능성이 큽니다. 이는 과거에 출제된 **밀리미터파 특성** 문제나 **LEO 위성 주파수 활용 방안** 문제와 유사한 맥락에서, 최신 주파수 대역과 네트워크 형태로 범위를 넓힌 문제가 될 것입니다 [34] [35].

- **생성형 AI 및 지능형 네트워크:** ChatGPT로 대표되는 **생성형 AI(Generative AI)** 열풍에 따라, **통신망 분야에서의 AI 활용**이나 **생성형 AI 자체를 묻는 문제**도 예상됩니다. 이미 2024년 기출에 LLM과 RAG 언급이 있었듯이, 앞으로는 "통신서비스에서 생성형 AI 활용 방안과 위험 요소"를 묻거나, "Generative AI 모델의 동작 원리와 한계점"을 묻는 문제가 나올 수 있습니다. 전자는 **적용사례형**으로, 예컨대 **네트워크 트래픽 예측/최적화에 AI를 활용하는 방안과 보안상 우려** 등을 기술하게 할 수 있습니다. 후자는 **설명형**으로, 생성형 AI의 **대규모 언어모델 구조, Hallucination 문제** 등을 서술하도록 유도할 수 있습니다. 이러한 문제는 앞서 출제된 **인공신경망,**

딥리서치 결과

LLM 관련 문제의 연장선에 있으며 [24] [25], **AI 윤리/신뢰성**까지 포함하여 더 폭넓은 논의를 요구할 것으로 보입니다.

- **기타 융합 신기술:** 이 밖에도 **메타버스와 XR 통신, 디지털 트윈, 자율주행 V2X 통신, 오픈랜(Open RAN), 양자내성암호(PQC)** 등도 유력한 출제 후보입니다. 예를 들어 "XR 서비스 실현을 위한 통신기술 과제", "Open RAN의 개념과 장단점", "차세대 보안기술인 양자내성암호의 원리와 적용상 도전과제" 등이 예상됩니다. 이러한 주제들은 현재 **정부·산업계 보고서에서 전략 기술**로 거론되고 있으며 [36], 시험에서도 조만간 **개념 위주의 문제로 등장한 뒤 기술 성숙에 따라 응용형으로 발전**할 가능성이 높습니다. 특히 **Open RAN**은 통신망 개방화 흐름에 따라 기존 폐쇄형 장비망과의 비교 문제로, **디지털 트윈**은 네트워크 운영의 효율화 사례로 각각 출제될 수 있습니다. 새로운 기술일수록 처음에는 **정의 및 특징 설명형**으로 출제되고, 이후 **구체 활용사례나 기존기술과의 비교형**으로 전환되는 패턴을 앞서 확인한 바 있습니다.

요약하면, **향후 2~3년 내 시험에 반영될 신기술**로는 **양자인터넷, 네트워크 슬라이싱, 6G 세부 기술, 생성형 AI, Open RAN 등**이 유력하며, **문제 유형도 해당 기술의 성숙 단계에 따라** 개념설명 → 비교/설계/적용 형태로 전개될 전망입니다. 이러한 예상에 따라 문제은행을 갱신한다면, **기존 기출과 연계되는 신기술 문제**를 미리 준비할 수 있습니다. 예를 들어 과거에 SDN을 묻던 문제 맥락에서 **네트워크 슬라이싱 문제**를 파생시키거나, 양자암호 문제를 확장하여 **양자인터넷 문제**로 발전시키는 식의 출제전략이 가능할 것입니다. 이를 통해 **출제 난이도 조정**과 함께 **최신 기술 트렌드 반영**이라는 두 목표를 모두 충족하는 문제가 출제될 것으로 기대됩니다.

4. 결론 및 활용 방안

2012년부터 2025년까지의 정보통신기술사 기출문제 분석 결과, **출제 분야와 문제 유형 모두 지속적으로 변화·확대**되어 왔음을 알 수 있습니다. 전통적으로 중요시되던 **무선통신, 네트워크** 분야는 안정적으로 높은 비중을 유지하고 있으나, **보안, 신기술, 설계/감리** 분야의 부상이 두드러집니다. 반면 **광통신** 등 일부 분야는 상대적으로 출제가 드물어 **문제은행 보강이 필요한 빈틈 분야**로 파악됩니다. 문제 형식 측면에서는 **설명형 일변도에서 비교·설계·적용형의 비중 증가**로 **출제 방식의 다변화**가 이루어지고 있습니다. 이는 기술사의 실무 응용능력을 더욱 중시하는 방향으로 시험이 변화하고 있음을 나타냅니다.

이러한 분석은 **정보통신기술사 시험의 난이도 조정 및 문제은행 갱신 전략 수립**에 유용하게 활용될 수 있습니다. 예를 들어, **소외 분야(광통신 등)**에 대한 문제를 신규 출제하여 균형을 맞추고, 증가하는 **신기술 수요(AI, 6G, 양자 등)**에 대비한 문제를 미리 개발함으로써 **시험의 최신성**을 확보할 수 있습니다. 또한 문제 유형별 분포를 고려해 **암기 위주 문제 비중을 줄이고 복합 사고력을 평가하는 문제**(예: 시나리오 제시형)를 늘리는 등 출제 구성비를 조정할 수 있습니다.

특히 앞으로 다가올 **신기술 파고**에 대비해서는, 기출 경향을 바탕으로 **예상 문제 시나리오를 선제적으로 마련**하는 것이 중요합니다. 본 보고서에서 제언한 예상 출제예(양자인터넷, 슬라이싱, 생성형 AI 등)는 기존 기출문제 맥락과 연계지어 구성한 것으로, 실제 문제은행에 반영하여 **풍부한 문제 풀이 자료**를 확보할 수 있습니다. 예컨대 **"네트워크 슬라이싱 기술을 기존 VPN과 비교하시오", "양자인터넷의 개념과 구현상 어려움을 설명하시오"** 등의 문제는 바로 실전 출제 가능한 형태로, 관련 모델답안 준비를 통해 **채점기준 표준화**도 선행할 수 있습니다.

결론적으로, **정보통신기술사 기출 분석을 통한 체계적인 트렌드 파악**은 **출제위원회가 향후 문제 출제 방향을 설정**하고 **효율적인 문제은행 운영** 전략을 수립하는 데 기여할 것입니다. 본 보고서의 연도별 분야 출제현황 표와 키워드 매핑 도표 (별첨 자료)도 이러한 의사결정에 참고할 수 있을 것입니다. 앞으로도 **산업계 기술 발전과 시험 출제 간의 긴밀한 연계**가 필요하며, 이를 위해 **정기적인 기출문제 분석 및 신기술 모니터링**을 병행해 나가야 할 것입니다. [28] [30]

---

1 2 3 4 5 6 7 8 9 10 11 12 13 14 15 16 17 18 19 20 21 22 23 24 25 26 27 28 29 30 32 33 34 35 기출.pdf

file://file_000000004bc71fa9d38e0e9a13b4b8a

- 20회차가 넘는 기출 문제를 짧은 시간안에 분석하여, 빈출 문제와 트렌드 파악 가능
- 각 기간대 별로 빈출된 문제와 각 기간대 별로 등장한 정보통신 신기술 간의 상관관계를 분석하여, 문제가 당대의 신기술들을 반영하고 있는지 파악
- 최신 연구 동향을 고려하여 향후 정보통신기술사 시험의 방향성 제시에 활용 가능
- 딥리서치 미사용시, 결과물이 표 형태로만 제공되고 참고한 출처의 수도 딥리서치와 비교하여 차이가 있음

5-3. 양자내성암호의 필요성 및 한계점 보고서

목적	양자내성암호의 현주소와 향후 방향성을 알아 보기 위한 보고서
방법	• 양자내성암호 도입의 필요성과 도입 과정에서의 한계점 파악 • 현시점 양자내성암호의 도입 또는 연구 사례 확인
딥리서치 질의 내용	『양자내성암호에 관한 보고서를 쓰고 싶습니다. 1. 양자내성암호가 무엇인지 2. 양자내성암호가 기존 암호와 다른 점은 무엇인지, 필요성 3. 장단점 4. 양자내성암호를 도입한 국가/국가기관/회사 5. 양자내성암호 도입의 동향/현황과 한계점 등 6. 양자내성암호 작동원리 7. 양자내성암호 도입을 위해 필요한 것 조건1. 내용 구성이 부드럽게 흘러가도록 위 내용의 순서는 임의로 수정 조건2. 한글로 작성 조건3. 설명이 쉽도록 시각화 자료 사용 조건4. 사내 보고 목적 조건5. 정보보호 실무자가 읽을 수 있을 수준의 내용으로 작성 조건6. 상세한 보고서 작성』

딥리서치 결과

20장 분량의 보고서 작성 ※사내 보고서 양식 기준

ChatGPT

양자내성암호: 정의, 필요성 및 도입 방안

서론: 도래하는 양자컴퓨팅 시대와 암호위협

양자컴퓨팅 기술의 급진전은 현존하는 암호체계의 근간을 위협하고 있습니다. 기존 공개키 암호(예: RSA, ECC)는 소인수분해나 이산대수 문제의 어려움에 안전성을 의존해 왔으나, 충분히 강력한 **양자컴퓨터**가 등장하면 이러한 문제를 단시간에 풀어낼 수 있습니다 [1] . 실제로 1994년 수학자 쇼어(Shor)는 양자컴퓨터에서 **RSA와 ECC를 빠르게 깨는 알고리즘**을 제시했고, 이는 현재 온라인 보안의 핵심인 키 교환 및 전자서명 체계 대부분을 무력화시킬 수 있음이 알려졌습니다 [2] [3] . 한 예로 고전컴퓨터로는 수십억 년 걸릴 소인수분해를, 양자컴퓨터는 불과 며칠이나 몇 시간만에 달성할 수 있을 것으로 예측됩니다 [1] . 이에 미국 NIST(국립표준기술연구소)는 2016년부터 차세대 **양자내성 암호** 알고리즘 공모를 시작하여, 현행 암호를 대체할 양자시대 대비 암호기술 표준화에 착수하였습니다 [4] .

양자컴퓨팅의 발전으로 기존 공개키 암호는 취약해질 수 있으므로, 포스트 양자 암호(PQC)로의 전환이 시급하다 [5] [6] . 왼쪽은 기존 암호에 양자컴퓨터가 가하는 위협을, 오른쪽은 새로운 PQC 알고리즘으로 방어하는 미래를 묘사한 개념도다.

현재 **"수확 후 탈취(Harvest Now, Decrypt Later)"**라고 불리는 공격 위협이 대두되고 있다는 점도 주목해야 합니다 [7] [8] . 이는 공격자가 현 시점에 민감 데이터를 암호화된 채로 탈취하여 보관해 두었다가, 미래에 양자컴퓨터가 등장하면 해독함으로써 정보를 획득하는 방식입니다. 특히 국가기밀, 금융정보, 개인의료기록 등 **장기적으로 기밀성을 유지해야 하는 데이터**는 이러한 위험에 노출되어 있습니다 [9] . **모스카의 부등식(Mosca's inequality)**에서도 X(데이터가 보호되어야 하는 기간) + Y(PQC로 전환에 필요한 시간)가 Z(양자컴퓨터의 실용화 시점)보다 크면 암호정보가 위험에 처한다 경고합니다 [10] . 이는 곧 "양자컴퓨터가 실용화되기 전에 우리의 암호체계를 변경하지 못하면, 결국 기밀 데이터가 위험에 놓이게 된다"는 의미입니다.

이러한 배경에서 미국, 유럽연합, 중국 등 각국 정부와 주요 기관들은 양자컴퓨팅 시대의 도래를 대비하여 **포스트 양자 암호(Post-Quantum Cryptography, PQC)** 기술 개발과 전환 전략 수립에 착수했습니다. 미국 상무부 산하 NIST는 8년에 걸친 국제 공모를 통해 새로운 암호 표준을 선정하고 2024년 첫 PQC 표준안을 발표했으며 [11] [12] , 백악관도 2022년 국가안보메모(NSM-10)를 통해 "연방 기관들은 PQC로의 전환 준비를 즉시 시작할 것"을 지시했습니다 [13] . EU 또한 2024년 회원국에 **"조속하고 조율된 PQC 전환"**을 권고하는 권고안을 발표하여, 양자컴퓨팅 시대에도 안전한 디지털 인프라 구축을 추진하고 있습니다 [14] [15] . 우리나라 역시 2023년 7월에 범부처가 참여한 '범국가 양자내성암호 전환 종합계획'을 수립하여 선제 대응에 나선 상황입니다 [16] . 이제부터 본 보고서에서는 **양자내성암호의 개념과 원리, 기존 암호와의 차이점 및 필요성, 기술적 장단점, 국내외 표준화·도입 동향**, 그리고 **향후 도입을 위한 과제와 방안**을 종합적으로 살펴보겠습니다.

양자내성암호(PQC)의 정의 및 원리

양자내성암호(PQC)란 향후 출현할 양자컴퓨터에 의해 깨지지 않는 것을 목표로 설계된 새로운 암호기술을 말합니다. 즉, 양자컴퓨터와 고전컴퓨터 **어느 쪽으로도 풀기 어려운 수학적 문제**를 기반으로 안전성을 확보한 암호알고리즘들을 가리키며, **양자시대에도 안전한 암호**라는 의미에서 포스트-양자 암호라고도 불립니다 [17] . NIST는 PQC를 "양자컴퓨터와 고전컴퓨터 모두에 대해 안전하고, 기존 통신 프로토콜 및 네트워크와 상호운용 가능한 암호시스템"으로 정의합니다 [18] . 다시 말해 PQC는 **소프트웨어만으로 구현 가능**하며 현행 인터넷 인프라에 비교적 쉽게 통합될 수 있어, 별도의 양자통신 장비가 필요한 양자키분배(QKD)에 비해 **실용적이고 낮은 비용**으로 보안성을 유지하는 경로를 제공합니다 [19] [15] .

딥리서치 결과

PQC 알고리즘들은 기존 RSA/ECC와 달리 **복잡하고 새로운 수학적 문제들의 난해성**에 기반합니다. 현재 연구되어 온 후보 기술들은 크게 다섯 가지 수학적 문제 계열로 분류되며, 각 계열마다 여러 알고리즘이 존재합니다 [20] :

- **격자 기반 암호**: `격자(Lattice)` 문제의 어려움을 이용. 예) **CRYSTALS-Kyber** (키 교환/KEM), **CRYSTALS-Dilithium** (전자서명), **FALCON** (전자서명) 등 – 비교적 **키와 서명 크기가 효율적**이고, 성능도 우수하여 NIST 표준으로 우선 채택 [21] . (Kyber와 Dilithium는 구조적 격자 문제인 LWE/LWR에 기반).
- **해시 기반 암호**: 잘 알려진 해시 함수의 안정성에 의존. 예) **SPHINCS+** (전자서명) – **안전성이 매우 높고 보수적**이지만 서명 크기가 매우 크고 서명/검증 속도가 느린 편 [22] [23] .
- **부호 기반 암호**: 오류정정코드 이론에 기반. 예) **HQC**(Code 기반 KEM), **Classic McEliece** 등 – 공개키가 수백 KB 이상으로 **매우 크지만**, 수십 년간 연구되어 안전성에 대한 신뢰도가 높음.
- **다변수 기반 암호**: 다변수 이차방정식의 해를 찾는 문제 이용. 예) 과거 **Rainbow** (전자서명) 등 – 효율이 높을 것으로 기대됐으나, **분석을 통해 취약점**이 드러나 NIST 표준화 과정에서 탈락.
- **초곡면(isogeny) 기반 암호**: 타원곡선의 동종류 변환 문제 활용. 예) **SIKE** (KEM) – 키/암호문 크기가 매우 작았으나, 2022년 고전공격으로 안전성 문제가 발견되어 중단됨.

이들 PQC 알고리즘은 각기 **다른 수학적 가정**에 기반하므로, 상호 보완적 역할을 합니다. 가령, 격자기반이나 부호기반이 만에 하나 향후 약화되더라도 해시 기반처럼 **완전히 다른 원리**의 알고리즘으로 대체할 수 있어, **암호 체계 전반의 다양성과 견고성**을 높이는 효과가 있습니다 [24] [21] .

PQC의 동작 원리를 간단히 살펴보면, 예를 들어 **격자 기반** KEM인 Kyber의 경우 고차원 격자에서 **"노이즈가 첨가된 어려운 연산"**을 이용하여 공유 비밀값을 안전하게 교환합니다. 송신자는 격자 기반 공개키로 난수를 암호화(capsule 생성)하고, 수신자는 비밀키로 이를 복호화(decapsulation)하여 **대칭키를 공유**하는 구조입니다 [25] [26] . 이러한 **키 캡슐화 메커니즘(KEM)**은 기존의 디피-헬만(DH) 키교환과 동일한 목적을 수행하지만, 수학적 기반이 다르므로 **양자 알고리즘으로 풀기 어려운 새로운 문제**를 이용한다는 차이가 있습니다. **전자서명**의 경우 Dilithium이나 Falcon은 격자상의 어려운 문제를 이용하여 서명 생성 및 검증을 수행하고, SPHINCS+는 해시 트리를 활용해 다소 큰 크기의 서명을 생성함으로써 **긴 보존기간에도 깨지지 않을** 서명을 제공합니다 [27] [28] .

요약하면 **양자내성암호**는 "양자컴퓨터조차 풀기 어려운 수학적 문제들"을 기반으로 설계된 새로운 암호 기법으로, 기존 인터넷/보안 인프라에 소프트웨어적으로 통합 가능하며 양자시대에도 우리의 데이터를 안전하게 지켜줄 **차세대 암호기술**입니다 [15] .

기존 암호 방식과의 차이점 및 양자 시대 보안위협

현재 널리 쓰이는 **공개키 암호**들은 주로 RSA(소인수분해 문제)나 ECC(타원곡선 이산대수 문제) 등 **하나의 수학 난제**에 기반해 있습니다. 이러한 문제들은 고전 컴퓨팅으로 풀기에 난해하여 수십 년간 안전하게 사용되어 왔지만, **양자컴퓨터의 병렬 양자계산 능력** 앞에서는 취약점이 드러납니다 [29] [30] . 앞서 언급한 쇼어의 알고리즘은 **RSA, ECC, 디피-헬만** 등의 보안을 근본적으로 붕괴시키며, 충분히 큰 규모(수천 큐비트 이상의)의 양자컴퓨터가 현실화되면 현재 인터넷 보안의 근간인 TLS, VPN, 전자서명, 블록체인 서명 등의 체계가 모조리 깨질 수 있습니다 [2] [3] . 실제 미국 상무부는 "양자컴퓨터가 10년 내 등장할 수 있다"는 Rand 보고서를 인용하면서, 향후 10~20년 내 현 암호기술이 무력화될 가능성을 경고한 바 있습니다 [31] [32] .

반면 **대칭키 암호**나 해시 함수는 양자컴퓨터로도 공격이 비교적 어려운 것으로 알려져 있습니다. 알고리즘상 양자컴퓨터는 Grover 알고리즘 등을 통해 대칭키를 찾는 속도를 제곱근 속도로 향상시킬 수 있지만, 이는 **키 길이를 두 배로 늘려** 대응 가능하다고 평가됩니다. 즉 AES-128은 양자환경에서 AES-256 수준으로 키 길이를 확장함으로써 안전성을 유지할 수 있습니다. **문제는 공개키 암호**입니다. 공개키 기반으로 인증서 서명이나 키교환을 수행하는 현재의 인터넷 프로토콜들은 양자공격에 그대로 노출되며, 이를 **전면 교체**하지 않는 한 **한 순간에** 보안이 뚫리게 됩니다 [3] .

특히 **전자서명 체계**의 붕괴는 비교적 대응 시간이 있다고 여겨지지만, **키교환(기밀성)** 분야는 앞서 설명한 **"미리 수집해 놨다가 추후 해독"** 공격 때문에 **즉각적인 위험**으로 간주됩니다 [7] . 예를 들어 오늘 인터넷 뱅킹에서 주고받은 암호화 트래픽이 수년 후 해독된다면, 그 안의 금융정보는 고스란히 탈취됩니다. 이런 이유로 **오래 유효한 서명보다는 현재 통**

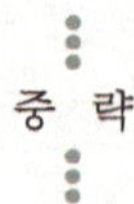

중 략

딥리서치
결과

양자내성암호 도입을 위한 조건과 실무 과제

양자내성암호 기술을 실제 정보보호 인프라에 도입하려면 **다층적인 준비와 투자**가 필요합니다. **하드웨어 인프라, 제도 정비, 전문인력, 테스트베드** 등 여러 측면에서 사전 조건을 갖춰야 원활한 전환이 가능합니다 [91] . 정보보호 실무자의 관점에서, PQC 도입을 위해 특히 다음과 같은 요소들이 중요합니다:

- **암호 인프라 및** 하드웨어 **지원**: 새로운 PQC 알고리즘이 기존 시스템에서 원활히 돌아가려면, 이를 지원하는 **하드웨어/소프트웨어 인프라**가 뒷받침되어야 합니다. 예를 들어 방화벽, VPN 장비, HSM(하드웨어 보안모듈), 스마트카드 등에서 **PQC 연산을 처리할 수 있는 성능과 펌웨어 지원**이 필요합니다 [58] . FPGA 기반 가속기나 차세대 암호칩 개발도 고려할 수 있습니다. 현재 일부 HSM 업체들은 시제품으로 Kyber, Dilithium 연산을 지원하기 시작했으나, **대부분 상용 장비의 펌웨어 업데이트**가 전제되어야 합니다. 이에 기관들은 벤더들과 협력하여 **양자내성암호 호환 장비 로드맵**을 확인하고 업그레이드 계획을 수립해야 합니다.
- **소프트웨어** 라이브러리 및 프로토콜 준비**: OpenSSL, JSSE 등 주요 암호 라이브러리에 PQC 알고리즘이 구현되어야 애플리케이션 단계에서 활용이 가능합니다** [58] **. 현재 OpenSSL 3.x 버전에서는 일부 PQC 알고리즘을 *옵션으로 컴파일**하여 사용할 수 있고, IETF에서도 **하이브리드 키교환**을 위한 TLS 확장을 표준화하고 있습니다. 조직 내 개발팀은 **사용 중인 소프트웨어 스택에서 PQC를 지원하는 버전**이 있는지 파악하고, 필요 시 오픈소스 프로젝트(OQS 등)의 도움을 받아 **맞춤 구현**도 검토해야 합니다 [58] [95] . 특히 암호 모듈 교체에 따른 **API 변경, 키 관리 방식 변화** 등에 대비해 시스템 전반을 점검해야 합니다.
- **성능 최적화 및 시스템 부하 관리**: PQC 적용으로 인한 **연산 부하와 데이터량 증가**에 대비한 최적화 노력이 필요합니다 [54] . 예를 들어 인증서에 PQC 공개키를 넣으면 그기기 커져 **TLS 핸드셰이크가 평소보다 길어질 수 있으므로**, 세션 재사용 정책 등을 조정해야 할 수 있습니다. 또한 서명 검증 연산이 증가하면 인증서 경로검증, 코드서명 검증 등에 시간이 더 걸릴 수 있어 **캐싱, 병렬처리** 등을 도입해야 할 수 있습니다. 중요 시스템에서는 **PQC 전환 전후의 성능 벤치마크**를 수행하여 임계 부하를 예측하고, 필요 시 **하드웨어 업그레이드**나 **알고리즘 튜닝**(예: 경량 파라미터 세트 사용)을 고려해야 합니다 [54] .
- **보안 인증 및** 제도 **개편**: 앞서 지적했듯, **국내 암호모듈 검증제도(KCMVP)**나 전자서명법 등 관련 제도에 PQC 알고리즘을 포함하도록 개선이 시급합니다 [90] . 기관은 주무부처(KISA, 국정원 등)에 **PQC 적용 시 발생하는 규제애로**를 적극 피드백하고, 표준·인증 체계가 개편될 때 신속히 대응해야 합니다. 또한 **산업별 가이드라인** 마련도 필요합니다 [90] . 금융위·금보원은 금융권 전자거래에 PQC 적용 지침을, 과기정통부·KISA는 공공 및 민간 기업을 위한 암호 가이드라인 개정을 준비할 것으로 보입니다. 실무자는 이러한 **규제 변화 추이를 모니터링**하며 자체 compliance를 업데이트해야 합니다.
- **테스트베드와** 실증 **환경 구축**: PQC로 전환을 안전하게 수행하려면, **실제와 유사한 환경에서 충분한 테스트**를 거치는 것이 중요합니다 [91] . 이를 위해 산학연 협력을 통해 **테스트베드**를 구축하는 노력이 필요합니다. 예를 들어 금융사, 통신사, 보안업체가 모여 은행 시스템 모사환경을 만들고, 여기서 **PQC 알고리즘을 적용한 TLS, VPN, DB암호화** 등을 실험해보는 것입니다 [91] . 이 과정에서 **성능 수치, 호환성 이슈, 오류 사례** 등이 축적되어 전환 리스크를 낮출 수 있습니다. 정부도 이러한 테스트베드 구축을 지원한다고 하므로, 관련 사업에 참여하거나 컨소시엄을 통해 자사 시스템에 대한 **파일럿 테스트**를 수행해보는 것이 권장됩니다 [91] .
- **전문인력 양성 및 조직 역량 강화**: PQC는 난이도 높은 분야이지만, 도입을 성공적으로 이끌려면 **내부 전문가 또는 외부 자문**을 확보해야 합니다. 조직 내 보안팀/암호팀 인력들에게 **교육 기회**를 제공하고, 필요시 외부 **암호전문가 컨설팅**을 활용하여 전환 전략을 수립하는 것이 좋습니다 [91] . 또한 개발자들을 대상으로 **신규 알고리즘 사용법, 라이브러리 API, 키 관리 변경사항** 등에 대한 트레이닝을 실시해야 합니다. 정부 차원의 전문인력 양성 프로그램 (예: KISA 암호인력 양성과정 등)을 활용하는 것도 도움이 됩니다 [91] .
- **국제 표준 및 업계 협력**: PQC는 글로벌 이슈이므로, **국제 표준 변화에 대한 모니터링**이 필수입니다. NIST 표준 최종안, IETF 프로토콜 표준, ISO 암호 표준 등의 동향을 수시로 파악해 자사 시스템에 영향 여부를 검토해야 합니다. 또한 국내외 **업계 컨소시엄이나 워킹그룹**에 참여하여 정보를 교환하는 것도 좋습니다. 예컨대 **전자서명 포럼, 양자보안 얼라이언스** 등에 가입해 다른 조직들의 추진 사례를 참고하고 공동으로 벤치마크를 진행할 수 있습니다. 이러한 협력은 **베스트 프랙티스 공유와 시행착오 감소**로 이어져 전체 생태계의 전환을 촉진할 것입니다 [91] .

以上의 조건들을 충족하며 준비를 갖춘다면, 양자내성암호 전환은 위험을 통제 가능한 수준에서 추진될 수 있을 것입니다. 요약하면 **"기술(인프라) 준비 + 제도적 뒷받침 + 인적 역량 + 테스트 검증"**의 네 박자가 고르게 맞아야만, PQC로의 **안정적인 이행**이 가능하다는 점을 강조합니다 [90] [91] .

딥리서치 결과

결론 및 향후 대응 방안

양자컴퓨팅의 등장은 **현대 정보보호 패러다임의 전환점**을 맞이하고 있습니다. **양자내성암호(PQC)**는 이러한 변화에 대응하기 위한 필수적인 기술로, 현재 첫 표준규격이 마련되어 이제부터는 **실제 시스템에 적용**하고 **제도적으로 수용**하는 단계에 본격 돌입하였습니다 [96] . 미국 NIST의 표준화 완료 선언은 기술적인 기반을 제공하였으며, 이제 각 조직과 국가가 나서서 **자신들의 보안 인프라를 PQC로 천착시켜 나가야 할 시점**입니다 [96] .

한국방송통신전파진흥원(KCA)을 비롯한 국내 정보보호 유관기관과 실무자들은 다음과 같은 **실무적 시사점**을 가지고 향후 대응에 나설 수 있습니다:

1. **현황 진단과 계획 수립**: 우선 자사 및 관할 기관의 **암호자산 현황**을 철저히 파악해야 합니다 (사용 중인 인증서, 암호모듈, 프로토콜 등). 이를 토대로 **양자취약성 평가**를 실시하여 어느 부분이 시급히 대체되어야 하는지 **우선순위**를 매깁니다 [40] . 그런 다음 **PQC 전환 로드맵**을 수립하는데, 가령 2025년까지 시범 도입, 2028년 중요 시스템 적용, 2030년 전체 전환 등의 **마일스톤**을 내부 계획으로 정의합니다 [42] . 이때 전환 계획은 데이터 민감도, 시스템 중요도, 전환 난이도를 함께 고려하여 수립해야 합니다 [97] .
2. **단계적·혼합적 전환 전략**: 초기에는 **하이브리드 암호체계**를 활용하여 기존 알고리즘과 PQC를 병행 적용함으로써 안전망을 확보합니다 [38] . 예컨대 TLS에서는 **기존 ECDH와 Kyber KEM을 모두 사용**하여 키교환을 수행하고, 전자서명에서는 **RSA+Dilithium 이중서명**으로 검증토록 하는 방식입니다. 이렇게 하면 PQC 알고리즘에 문제가 발견되더라도 기존 알고리즘으로 안전을 유지할 수 있습니다. 점진적으로 시스템별로 **PQC 단독 모드**로 전환하고, 충분한 검증 기간을 거쳐 **완전히 대체**해 나갑니다 [38] . 이 과도기 전략은 성능 영향을 최소화하고 레거시 시스템과의 호환성도 유지하는 현실적인 방법입니다.
3. **파일럿 테스트 및 시범사업 참여**: KCA와 같은 기관은 범부처 차원의 **PQC 시범사업**을 기획하거나 참여하여 **테스트베드에서 미리 경험**을 쌓는 것이 좋습니다. 예를 들어 공공기관 네트워크 구간에 PQC VPN 적용 시범, 방송망 콘텐츠 보호에 PQC 키관리 적용 시범 등을 추진해볼 수 있습니다. 이러한 파일럿을 통해 얻은 성능 데이터, 장애 사례, 사용자 반응 등을 축적하여 향후 대규모 전환 시 활용합니다. 정부에서 지원하는 테스트베드 사업, R&D 과제 등을 적극 활용하기 바랍니다 [91] .
4. **제도 개선 주도 및 협력**: KCA와 같은 공공기관은 **정책 수립 과정에 전문 의견을 제공**하여 제도 개선을 주도해야 합니다. PQC 전환 마스터플랜의 이행점검에 참여하고, 법령/고시에 필요한 개정사항(예: 전파망 보안지침 등)에 대해 의견을 개진합니다. 아울러 관련 산업계, 학계와 **협의체를 구성**하여 상호 정보공유와 협력을 증진합니다. 특히 방송통신 분야에 특화된 PQC 활용 가이드라인을 마련하는 등 **분야별 세부 실행계획** 수립에도 기여해야 할 것입니다.
5. **장기적 모니터링과 대응**: 끝으로, PQC로 전환한 이후에도 **지속적인 모니터링과 개선**이 요구됩니다 [98] . PQC 구현체에서 새로운 취약점은 발견되지 않는지, 양자공격 연구 동향은 어떠한지 살펴 **보안운영 정책**을 주기적으로 업데이트해야 합니다. 또한 향후 NIST 등이 백업 알고리즘을 추가 선정하거나 더 강력한 버전을 발표할 경우에 대비해 **암호 알고리듬의 교체를 용이하게 하는 설계(crypto agility)**를 시스템에 접목시켜야 합니다. 즉 한 번 PQC로 전환했다고 끝나는 것이 아니라, **계속해서 진화하는 보안체계**로 관리하는 노력이 뒤따라야 합니다 [98] .

양자컴퓨팅 시대가 언제 본격화될지는 불확실하지만, **"대비는 과하다 싶을 정도로 이르게 시작해야 한다"**는 것이 전문가들의 조언입니다 [37] . 우리의 암호 인프라는 한 번 구축하면 바꾸는데 수년이 걸리므로, **미리 준비하여 선제대응**하는 조직만이 미래의 사이버위협 속에서 안전한 서비스를 제공할 수 있을 것입니다. **양자내성암호**는 바로 그 대비책의 핵심으로서, **지금부터 경영진의 관심과 실무진의 실행력**을 모아 단계적으로 추진해야 할 과제입니다. KCA 역시 이러한 흐름에서 역할을 선도하며, 국내 방송·통신·전파 분야의 **양자보안 전환**을 이끄는 중추로 자리매김하길 기대합니다.

---

1 21 29 30 33 37 What Is Post-Quantum Cryptography? | NIST
https://www.nist.gov/cybersecurity/what-post-quantum-cryptography

2 3 4 7 25 26 44 45 74 75 NIST's pleasant post-quantum surprise
https://blog.cloudflare.com/nist-post-quantum-surprise/

- 비전공자는 작성하기 어려운 수준의 주제를 가지고 쉽고 빠르게 보고서 작성
- 보고서의 수준(문체, 단어 등)을 독자(팀원, 비전공자 등)의 지식 수준에 맞게 설정하여 보고서를 쓸 수 있음
- 국내 연구뿐 아니라 해외 대기업 공식 사이트 등을 참고하여 작성된 보고서이므로 신뢰성이 높음
- 딥리서치 사용시 내용을 다방면에서 바라보고 글의 순서를 보고서 문맥에 맞도록 조정
- 딥리서치 미사용시, 내용 풍성하지 않고 글의 순서가 프롬프트의 작성 순서대로만 표현

5-4. 최근 글로벌 주파수 정책 동향 분석

목적	KCA의 주요 사업인 무선국 검사와 관련하여 주파수에 관한 세계적인 정책 동향 확인을 위한 보고서 작성
방법	● 미국·영국·일본 각 국의 주파수 정책과 향후 방향성 조사 ● 조사를 통한 우리나라 주파수 정책에 참고
딥리서치 질의 내용	『전파 정책은 국가 간 기술 경쟁과 산업 정책의 핵심이 되는 분야입니다. 한국방송통신전파진흥원(KCA)은 세계 각국의 주파수 정책과 제도 변화에 관한 조사를 하려고 합니다. 즉, 주파수 정책 동향 파악 및 분석을 진행해주세요. 분석을 진행하며 미국(FCC), 영국(Ofcom), 일본(총무성), 산업 뉴스 등의 자료를 조사해주세요. 글로벌 주파수 정책 모니터링 자료 등 필요시에는 시각화를 해주세요. 이 조사를 통해 우리 회사와 우리나라는 어떤 방향성을 가져야 할지 알려주세요. 조건1. 작성 내용은 한글로 조건2. 본 보고서는 경영진과 부서에 공유 예정 조건3. 전파 관련 전문 용어는 오번역되지 않도록 유의 조건4. 특히, 특정 주파수 대역에 대한 정책변화/5G · 6G등 차세대 이동통신 주파수 확보 및 할당 전략/민간과 산업용 주파수 이용 활성화 정책에 중점 조건5. 최근 2~3년 기간 기준으로 분석』

12장 분량의 보고서 작성 ※사내 보고서 양식 기준

ChatGPT

글로벌 주파수 정책 동향 분석

서론: 전파정책의 중요성과 조사 개요

전파(주파수) 정책은 국가 간 기술 경쟁과 산업 정책의 핵심 요소로, **5G·6G 시대를 선도하기 위해 각국 정부와 규제기관이 주파수 자원을 어떻게 확보·관리하는지가 매우 중요**합니다. 특히 5세대 이동통신(5G)의 상용화와 차세대 6G 준비를 위해 **중대역 주파수 확보, 새로운 대역의 할당 전략, 민간·산업용 주파수 활용 촉진 정책** 등이 국가 경쟁력을 좌우하고 있습니다. 본 보고서에서는 **최근 2~3년간** 미국(FCC), 영국(Ofcom), 일본(총무성) 등 주요 국가들의 주파수 정책 변화와 동향을 조사·분석합니다. 이를 통해 글로벌 주파수 정책 모니터링 결과를 공유하고, **우리 기업과 대한민국이 나아가야 할 방향성**을 제언합니다. 특히 **특정 주파수 대역 정책 변화, 5G·6G 주파수 확보 및 할당 전략, 민간·산업용 주파수 이용 활성화 정책**에 중점을 두어 살펴보겠습니다.

미국: FCC의 주파수 정책 동향

미국 연방통신위원회(FCC)는 **5G 상용화를 위한 중대역 주파수 확보와 6G 대비**를 위해 적극적인 정책을 펼치고 있습니다. 2020~2021년에 걸쳐 **중간 대역(mid-band)** 주파수 경매를 통해 3.7~3.98GHz(C-밴드) 및 3.45~3.55GHz 대역을 5G 용도로 할당하여 통신사들에게 막대한 용량을 제공했습니다. 다만 **C-밴드 5G 서비스와 항공기 고도계 간 간섭 문제**가 2022년 초 큰 이슈가 되었고, 한때 미국 공항에서 항공기 운항 차질이 발생하기도 했습니다 [1]. 이 문제는 통신사(Verizon, AT&T 등)와 항공업계 간 협의로 해결되어, **5G 기지국의 출력조정 및 항공계기의 성능개선** 등으로 2023년 9월까지 안전성 이슈를 해소했습니다 [2]. FCC도 향후 경매 수익 일부를 항공기 **고도계 교체 지원에 활용**하는 방안을 고려하여, 차세대 주파수 할당과 항공안전 간 충돌을 미연에 방지하고 있습니다 [3].

한편 미국은 **추가 중대역 주파수 발굴과 6G 대비 전략**을 추진 중입니다. 2023년 5월 FCC는 **12GHz 대역**에 대한 대대적인 정책변경을 발표했는데, **위성 서비스와 지상 5G 간 공존을 도모**하기 위해 **12.2~12.7GHz는 위성용으로 보호**하고 **12.7~13.25GHz (약 550MHz 폭)는 차세대 지상 모바일(6G 등)로 활용**하는 방안을 제시했습니다 [4]. 이는 약 **1GHz에 달하는 새로운 중간 고주파(high mid-band)**를 6G 등 미래 **유연한 지상 무선용**으로 개방하려는 조치로, "12.7~13.25GHz 대역을 6G 등의 첨단 지상 서비스에 활용할 수 있도록 할 것"이라고 명시되었습니다 [5] [6]. 이러한 정책은 **위성통신(Starlink 등)과 5G/6G간 혼·간섭 조정**을 통해 양측 서비스를 모두 발전시키려는 혼합(hybrid) 정책으로 평가됩니다.

또한 미국은 **6GHz 대역**(5.925~7.125GHz)에 대해서는 와이파이6E/7 등의 **비면허(unlicensed)용으로 전면 개방**하는 입장을 고수하고 있습니다. FCC는 2020년에 **6GHz 대역 전체 1200MHz폭을 세계 최초로 와이파이 등에 제공**하였고, 2023년 세계전파통신회의(WRC-23)에서도 미국은 해당 대역을 IMT(이동통신) 용도로 식별하지 않았습니다 [7] [8]. 미국·캐나다 및 한국 등은 이 대역을 이미 와이파이용으로 풀어놓았으며, **유럽·중국 등과 대비되는 정책 노선**을 보이고 있습니다 [9] [10]. 다만, 6GHz 대역이 **5G-Advanced 및 6G를 위한 추가 중대역**으로 주목받고 있어, 미국 내에서도 **6GHz를 대체할 다른 6G용 주파수** 확보를 요구하는 목소리가 있습니다 [11].

민간 및 산업용 주파수 활용 측면에서, 미국은 **CBRS**(시민 대역 무선서비스) 정책을 통해 3.5GHz 대역을 공유방식으로 개방한 바 있습니다. 3.5GHz CBRS 대역에서는 경매를 통한 우선접근 면허 외에도 **산업계가 지역별로 자유롭게 주파수를 이용**할 수 있도록 데이터베이스 기반의 **동적 공유**를 채택하여, 기업들이 **프라이빗 5G망**을 구축하도록 장려했습니다. 이를 통해 공장, 캠퍼스, 물류센터 등에서 이동통신 사업자 외 주체들이 **주파수를 직접 활용**하는 사례가 늘고 있습니다. FCC는 이처럼 **민간 5G** 활성화를 지원하는 한편, 2023년 재획득한 경매 권한을 바탕으로 **상업용으로 미활용된 대역(예: 3.1~3.45GHz 등 국방 사용 후 남은 대역)**을 추가로 5G/6G에 공급할 계획입니다 [3]. 2025년 11월 미 의회는 FCC에 **2027년 7월까지 상위 C-밴드(3.98~4.2GHz) 100MHz 이상을 경매**하도록 명문화하였는데 [12], 이는 앞서 언급한 항공간섭 보호대역이었던 4.0GHz 부근까지 **5G 확대할 가능성**을 시사합니다. 종합하면 **미국 FCC는 중대역 확보와 신기술 도입**에 적극적이며, **6G 시대를 대비한 정책 프레임워크**를 구축하고 있습니다. 이러한 기조는 2023년 11월

미 NTIA가 발표한 **국가 주파수 전략(National Spectrum Strategy)**과도 궤를 같이하며, **정부 내 협업으로 유연한 주파수 관리**를 추구하고 있습니다 [13] .

영국: Ofcom의 주파수 정책 동향

영국 통신규제기관 Ofcom은 **5G 초기 주파수 공급을 마무리하고, 향후 5G 확충과 6G 대비를 위한 정책**을 전개하고 있습니다. 2021년까지 영국은 **700MHz 저대역 및 3.4~3.8GHz 중대역 경매**를 완료하여 주요 5G 전국망용 주파수를 할당했습니다. 최근에는 **밀리미터파(mmWave)** 대역 개방에 초점을 맞추어, **26GHz 및 40GHz 대역**을 5G/6G용으로 공급하기 위한 경매를 준비 중입니다. Ofcom은 2023년 9월 해당 계획을 확정 발표했으며, **25.1~27.5GHz 및 40.5~43.5GHz** 구간을 포함한 총 4GHz 규모의 초고주파 대역을 이동통신(특히 5G)용으로 개방할 예정입니다 [14] . 경매 설계안에 따르면 26GHz 대역은 상·하위로 구분하고 40GHz와 함께 다단계 경매로 진행되며, 2024년 경매 실시를 목표로 하고 있습니다 [15] . 이는 **도시 밀집지역의 5G 용량 증설**과 향후 **6G 서비스**까지 대비하려는 것으로, Ofcom은 "26GHz와 40GHz 대역을 5G 서비스를 포함한 모바일 기술에 개방"한다고 밝혔습니다 [14] .

6GHz 대역 정책에서도 영국은 독자적 접근법을 모색하고 있습니다. **6GHz 상부 대역(6425~7125MHz)**을 두고, **와이파이와 5G 양측에 모두 개방하는 "하이브리드 공유" 방안**을 세계 최초로 제안하였습니다 [16] [17] . 2023년 7월 Ofcom이 발표한 컨설테이션 자료에 따르면, **동 대역을 특정 기술에 독점 할당하지 않고 Wi-Fi 6E/7과 면허받은 5G가 공존**하도록 하는 혁신적 주파수 공유 모델을 검토 중입니다 [17] . 예컨대 ①**가변적 스펙트럼 분할**(서로 사용하지 않는 부분을 상대방이 활용하고, 각 기술에 우선권 구역 설정)과 ②**실내·실외 분할**(와이파이는 주로 실내 사용을, 5G는 주로 실외 사용을 우선) 같은 **2가지 시나리오**가 제시되었습니다 [18] . 이러한 방안을 통해 **상호 간섭을 최소화하면서 6GHz 전체를 효율적으로 활용**한다는 비전을 그리고 있습니다. Ofcom은 산업계 및 유럽 규제기관들과 협력하여 기술 솔루션을 모색 중이며, 2025년에 관련 기술 보고서를 발간할 예정입니다 [19] . 2024년에는 6GHz 상부 대역의 구체적 활용 방안을 제시하고 공론화 절차를 거칠 계획입니다 [20] . 참고로 영국은 이미 **6GHz 하부(5925~6425MHz)** 500MHz 폭을 Wi-Fi6E용으로 개방한 바 있는데 [21] , 상부 6GHz(6425~7125MHz)에 대해서는 **모바일용 540MHz vs Wi-Fi용 160MHz 병용**을 고려하며 유럽의 논의에 참여하고 있습니다 [22] [23] . 이런 접근은 **미국(전량 비면허)과 중국(전량 IMT용) 사이에서 절충한 전략**으로, 기술 공유의 **글로벌 선례**가 될 가능성이 있습니다.

민간·산업용 주파수 활용 면에서도 영국은 **선도적인 스펙트럼 공유 정책**으로 주목받고 있습니다. 2019년 Ofcom은 **Shared Access Licence(공유 접속 면허)** 제도를 도입하여, 일부 주파수 대역을 **로컬/프라이빗망 용도로 개방**했습니다. 이 제도 하에 **3.8~4.2GHz 중대역 400MHz**를 비롯해 1800MHz DECT 가드밴드, 2300MHz 일부, 24.25~26.5GHz 대역 등이 지역 한정 면허로 기업들에게 저비용으로 제공되고 있습니다 [24] [25] . 특히 **3.8~4.2GHz 대역**은 영국에서 "프라임 미드밴드"로 불릴 정도로 인기가 높아, 공장·대학·물류 등 다양한 수요처가 **지역 5G망 구축**에 활용해왔습니다 [26] [27] . 실제 Ofcom 통계에 따르면 **해당 대역의 로컬 5G 면허 발급 건수가 2021년 약 260건, 2022년 320건**으로 꾸준히 증가했고, 2023년에도 지속적인 신청이 이루어졌습니다 [28] . 전체적으로 2019년 이후 **1,600건 이상**의 공유 면허가 발급되었으며 [26] , 이에 고무된 Ofcom은 2023년 4월 **스펙트럼 공유 제도 고도화**를 위한 추가 컨설테이션을 시작했습니다 [26] [29] . 주요 논점은 **도시 지역에서의 중간출력 사용 규제 완화**, **면허 신청의 자동화** 등으로, 기업들이 더 쉽고 빠르게 전용망 주파수를 확보하도록 하는 것입니다 [30] [31] . 이는 미국 CBRS의 자동화 시스템을 벤치마킹한 것으로, Ofcom은 "이미 면허 프로세스 자동화에 착수했다"고 밝혔습니다 [30] . 영국의 이러한 노력은 **다양한 산업의 5G 활용(Industry 4.0)**을 촉진하고, **이통사 이외 사업자들의 혁신**을 지원하는 정책으로 평가됩니다.

정리하면, **영국 Ofcom은 5G 성숙기에 접어들며 초고주파 및 6GHz 등의 신규대역 개방, 민간망 활성화, 혁신적 공유 기술** 등에 무게를 두고 있습니다. 이는 **한정된 자원의 효율적 이용과 6G 대비**라는 두 마리 토끼를 잡기 위한 행보로, 향후 우리나라 주파수 관리에도 시사점을 줍니다.

일본: 총무성(통신당국)의 주파수 정책 동향

일본 총무성은 매년 **「주파수 재편 액션플랜」**을 수립하여 향후 주파수 이용전략을 제시하고 있습니다. **2023년도 액션플랜**에서는 **9대 중점과제**를 선정했는데, 여기에는 ①**5G 보급을 위한 주파수 확보**, ②**무선LAN(Wi-Fi) 고도화와 주파수 확장**, ③**드론을 위한 상공 주파수 이용**, ④**V2X 통신 추진**, ⑤**NTN(비지상 네트워크) 활용**, ⑥**공공안전 통신망 구현**, ⑦

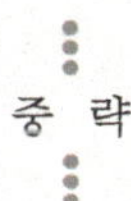

중 략

기타 주요 동향: 유럽 및 글로벌 이슈

상기 국가들 외에도 **유럽연합(EU)**과 **중국** 등도 주파수 정책에서 서로 다른 접근을 보이고 있습니다. **유럽**의 경우, 5G 초기에는 회원국별로 3.5GHz 등의 경매를 진행했고 2020년대 중반부터는 **6GHz 상부 대역 할당 방향**을 두고 통신업계와 빅테크(와이파이 진영)가 대립해왔습니다 [53] [54] . 2025년 11월 EU 자문기구인 **전파정책그룹(RSPG)**은 **6.425~6.965GHz 약 540MHz 폭을 모바일(6G)용으로, 나머지 160MHz는 일단 보류**하는 권고안을 내놓아, **통신업계 손을 들어주는 쪽으로 가닥**을 잡았습니다 [22] [55] . 이로써 유럽은 2030년대 6G 대비를 위해 **6GHz 대부분을 확보**하되, 최종 결정은 2027년 WRC에서 정하기로 하였습니다 [56] . 이러한 움직임은 유럽 통신사들이 "6GHz를 내주면 6G에서 미국에 뒤처진다"고 강력 주창한 결과이며 [57] , **미국이 와이파이에 할당한 대역을 유럽은 6G용으로 선점**하려는 전략적 선택으로 보입니다. 반면 **중국**은 이미 2023년 초 **6.425~7.125GHz 전 대역을 5G/6G IMT 용도로 지정**하며 한발 앞서갔고 [58] , 이에 대응하여 미국은 7~8GHz 등 **다른 중대역 발굴**과 **와이파이6E 국제표준 수호**에 주력하는 양상입니다 [11] . 이처럼 **6GHz 대역**은 현재 전세계 주파수 정책에서 가장 **핫이슈로 떠오른 특정 대역**이며, **지역별로 상반된 정책**이 진행되고 있습니다.

또 다른 이슈로는 **국가 안보 및 기존 사용과의 조율**이 있습니다. 예를 들어 **러시아**는 5G 핵심대역인 3.5GHz를 군용으로 사용하여 민간에 할당하지 못하고 **4.8GHz 대역**을 대안으로 쓰는 등 어려움을 겪었고, **인도**는 C-밴드 경매 시 위성방송 간섭 문제를 해결하기 위해 막대한 위성보상 비용을 치르는 등 사례가 있었습니다. **프랑스**에서는 26GHz mmWave 할당을 보류하며 건강·환경 영향 평가를 우선시하기도 했습니다. 또한 **전 세계적으로 2G·3G 종료**를 통해 저대역 주파수를 재활용하려는 움직임도 활발합니다 [59] . 예컨대 **일본과 미국은 2020년대 중반까지 3G 종료, 유럽 주요국도 2G/3G 순차 종료** 계획을 세워, **700MHz, 900MHz 등 저주파 자원을 4G/5G로 재활용**하고 있습니다. **WRC-23**에서는 이러한 낮은 주파수(470~694MHz)의 이동통신 공동사용 방안도 일부 논의되어, 향후 **디지털TV 대역의 이동통신 활용** 가능성이 열렸습니다 [60] [61] .

요컨대 최근 2~3년간 글로벌 전파정책의 키워드는 **"주파수 확보 경쟁"**과 **"공유 및 조율"**로 요약됩니다. 각국은 **한정된 황금 주파수 자원을 최대한 확보**하려고 경쟁하면서도, 한편으로는 **동적 공유, 공존 기술, 간섭관리 표준화** 등을 통해 **다양한 서비스가 공생**할 수 있도록 조율하고 있습니다. 이러한 흐름은 6G 시대에는 주파수 자원의 융통성이 더욱 중요함을 시사합니다.

시사점 및 제언: 한국의 방향성

以上의 글로벌 동향을 토대로, **우리나라와 KCA가 취해야 할 전략적 방향**을 도출하면 다음과 같습니다.

1. 5G 중대역 확충 및 6GHz 전략 수립: 한국은 5G 전국망에 3.5GHz 대역을 활용 중이며, 2023년 현재 세계에서 두 번째로 **6GHz 전 대역(1200MHz)을 Wi-Fi6E 용도로 개방**한 국가입니다 [38] . 와이파이 활성화 측면에서 선제 조치를 취했으나, **유럽 등 다수 국가가 6GHz 상부를 6G용 IMT로 식별**하고 있으므로 **우리도 6GHz 상부(6425~7125MHz)에 대한 입장정리와 활용전략**이 필요합니다. **와이파이7 이상의 수요**와 **6G IMT 주파수 수요**를 모두 고려하여, 영국의 사례처럼 **공유 모델 검토**나 **국제협력(예: WRC-27에서의 조율)**을 선제적으로 준비해야 합니다. 또한 미국처럼 **7~15GHz 사이 추가 중대역** 후보를 물색하고 연구함으로써, 향후 **6G 주파수 국제협상에서 주도권**을 가질 수 있을 것입니다.

2. 초고주파(mmWave) 정책 재정비: 한국은 5G 초기 28GHz 대역을 이동통신 3사에 할당했으나 현재까지 기지국 구축 미흡으로 일부 반납 및 회수된 상황입니다. **영국, 일본 등은 26/28GHz 및 40GHz를 5G 확충 및 6G 대비용으로 지속 추진**하고 있으므로, **국내 28GHz 활용 활성화** 대책을 재수립해야 합니다. 예를 들어 **도심 핫스팟, 지하철·경기장·공항 등 특수지역**에서의 mmWave 활용을 이동사에 의무화하거나, **민간 특화망 용도로 28GHz 잔여대역을 할당**하여 창의적 활용을 유도할 수 있습니다. 현재 과기정통부가 지정한 **5G 특화망용 28.9~29.5GHz**(600MHz폭)는 좋은 출발이며 [62] , 향후 **28GHz 기지국 장려책**과 **단말 에코시스템 육성**을 병행하여 **mmWave 활용률**을 높여야 합니다. 이는 장기적으로 **6G의 테라헤르츠 파 활용**에도 중요한 경험을 제공할 것입니다.

3. 민간·산업용 5G(특화망) 활성화 강화: 한국도 2021년부터 **5G 특화망 정책**을 도입, **4.72~4.82GHz(100MHz)와 28.9~29.5GHz**를 기업에 지역할당하고 있습니다 [62] [63] . 현재 여러 제조사·기관이 특화망 면허를 취득하여 스마트공장, 스마트캠퍼스 등을 구축 중이며 [64] , 2025년 9월 기준 약 20여개의 특화망 사업자가 등장했습니다 [64] . 그러나 **주**

딥리서치 결과

파수 대역의 폭과 종류가 제한적이어서, **수요자 맞춤형 주파수 공급**에는 여전히 부족함이 있다는 지적이 있습니다. **영국의 공유면허제도**나 **독일의 3.7~3.8GHz 기업할당** 사례처럼, 우리도 **3.xGHz대 일부나 5GHz대 대역** 등을 추가로 검토할 수 있습니다 [65]. 특히 **공장 밀집 지역**이나 **농어촌 지역**에서는 이동사 서비스 커버리지가 부족할 수 있으므로, 해당 지역 주파수를 **지자체 또는 협동조합**이 공동 활용하는 모델도 고려해야 합니다. 정부는 최근 **특화망 주파수 신청 절차의 온라인 간소화**를 추진하고 있는데 [66], 여기에 더해 **면허 기간 유연화(현행 2~5년에서 연장 용이하도록)**, **할당 대가의 세분화/경감** 등을 통해 중소기업의 참여를 독려할 필요가 있습니다. 궁극적으로 **민간 주파수 이용 활성화**는 5G B2B 시장을 키우고 전체 통신산업 파이를 확대하여, **전반적 국가 디지털 경쟁력 상승**으로 이어질 것입니다.

4. 주파수 공존 및 간섭관리 기술 투자: 미국의 C-밴드 항공간섭 사례에서 보듯이, **이종 서비스 간 간섭 이슈**는 앞으로도 계속 발생할 수 있습니다. 우리나라도 **군용·기상·위성·과학 서비스와 5G/6G 간 간섭**을 사전에 식별하고 조율해야 합니다. 이를 위해 **KCA와 연구기관들은 전파 간섭 분석 기술, 주파수 공유 플랫폼, 지능형 간섭 회피(AI 기반)** 등에 대한 투자를 확대해야 합니다. 예컨대 **영국이 6GHz 공유를 위해 제시한 "신호 감지 및 회피" 기법**이나 [67], 미국의 **CBRS SAS(Spectrum Access System)** 모델 등을 참고하여 **국내 주파수 공유/보호 시스템**을 구축할 수 있습니다. 또한 **WRC 등 국제회의에서의 우리 입장 정립**을 뒷받침하려면, **위성-5G 간 상호보완 기술, HAPS 통신 간섭제어, 전파센싱** 등 미래 이슈에 대한 기초 연구를 지금부터 준비해야 합니다. **전파 환경의 정밀 모니터링과 빅데이터 축적**도 중요 과제입니다.

5. 국제 공조와 표준 선도: 주파수 정책은 더 이상 개별국 이슈가 아니라 **국제 공조와 표준화**의 영역입니다. 우리나라는 **세계 주요국의 정책 변화에 실시간 대응**하면서, 동시에 **ITU-R 등에서 표준화 주도권**을 확보해야 합니다. 예를 들면, **6G 후보 주파수(7GHz 이상, 테라헤르츠대)**에 대한 **공동 연구 프로젝트**를 미국·일본 등과 진행하고, 그 결과를 토대로 **국제 표준 제안**을 할 수 있을 것입니다. 일본처럼 **Beyond 5G 추진 전략**을 일찍 수립하고 민관협의체(미래이동통신 포럼 등)를 가동하여 **로드맵을 공유**하는 것도 바람직합니다. 특히 **2025년 부산세계박람회**를 앞두고 우리도 **"5G Evolution 및 6G Showcase"**와 같은 장을 마련하여, **국내 기술과 주파수 정책 비전을 전세계에 알릴 기회**로 삼을 수 있습니다.

요약하자면, **대한민국은 글로벌 주파수 정책 흐름을 주시하면서 선제적이고 유연한 정책**을 펼쳐야 합니다. **중대역 추가 확보, 6GHz 등 핵심 대역 전략, 민간망 활성화, 간섭관리 기술** 등의 측면에서 지금의 국제 선진사례들을 거울삼아, 우리 실정에 맞게 적용하는 노력이 필요합니다. **전파정책은 5G·6G 시대 국가 경쟁력의 초석**인 만큼, KCA를 비롯한 관계 기관이 산·학·연 전문가들과 긴밀히 협력하여 **과학적이고도 과감한 정책 혁신**을 이어가길 기대합니다. 세계 각국이 **전파자원을 둘러싼 경쟁과 협력을 병행**하고 있는 지금, **우리도 명확한 전략과 방향성**을 갖고 대비함으로써 **미래 주파수 패권 경쟁에서 주도권**을 확보해야 할 것입니다. [34] [4]

---

1 2 3 12 US FCC votes to advance wireless spectrum auction, avoid aviation standoff | Reuters
https://www.reuters.com/business/us-fcc-votes-advance-wireless-spectrum-auction-avoid-aviation-standoff-2025-11-20/

4 6 13 USA: FCC expands use of 12.2 - 12.7 and 12.7 - 13.25 GHz frequency bands - cetecom advanced GmbH
https://cetecomadvanced.com/en/news/usa-fcc-expands-use-of-frequency-bands/

5 [PDF] FCC MOVES FORWARD ON 12 GHz PROCEEDING
https://docs.fcc.gov/public/attachments/DOC-393504A1.pdf

7 11 60 61 WRC-23 concludes with decisions on low-band/mid-band spectrum and 6G (?) - IEEE ComSoc Technology Blog
https://techblog.comsoc.org/2023/12/16/wrc-23-concludes-with-decisions-on-low-band-mid-band-spectrum-and-6g/

8 9 10 22 23 53 54 55 56 57 Exclusive: Europe's mobile operators set to win key spectrum in fight with wi-fi industry, sources say | Reuters
https://www.reuters.com/business/media-telecom/eu-advisory-body-proposes-bulk-key-spectrum-goes-mobile-operators-sources-say-2025-11-12/

- 정책의 배경, 추진 목적 등 정책 변화의 맥락과 의도 파악 가능
- 정부 발표뿐 아니라 산업 보고서, 기업 인터뷰 등도 참고하여 자료를 작성하기 때문에 더 넓은 시야로 바라볼 수 있음
- 단편적인 관점이 아니라 여러 국가의 관점으로 주제를 바라보기 때문에 비교 분석을 통한 합리적인 의사결정 가능
- 딥리서치 미사용시, 결론을 단순 나열로 인해 딥리서치 사용시보다 설득력이 떨어질 수 있음

5-5. 디지털 폐기물 현황 및 향후 전망 분석

목적

디지털 폐기물의 현황 분석 · 문제점 인지 · 향후 전망 예측을 통한 정책 과제 제안

방법

질의 시 활용 목적 · 목차 · 원하는 내용 · 추가 요구사항 · 자세한 조건 제시를 통한 심도 있는 보고서 작성

딥리서치 질의 내용

『아래와 같은 내용을 가지고 디지털 폐기물에 대한 보고서를 써주세요.

1. 디지털 폐기물의 정의 및 문제점 등.
2. 전 세계 과거(근10년) 및 현재의 디지털 폐기물 배출량 등 정보.
3. 우리나라 과거(근10년) 및 현재의 디지털 폐기물 배출량 등 정보.
4. 국내외 디지털 폐기물 관련 뉴스 및 논문 등.
5. 해당 자료들을 통한 미래 디지털 폐기물 전망 및 해결책 등.

조건1. 출처는 공신력있는 기관의 자료 사용
조건2. 위의 내용을 바탕으로 작성해주고 부족한 점이 있다면 보충.
조건3. 내용 작성 시에는 허위 내용/과장하지 말고 작성 후에 사실확인 진행.
조건4. 사용 목적은 정책 제안.
조건5. 전체 한국어로 작성.
조건6. 보고서 형식으로 작성.』

딥리서치 결과

결과 : 12장 분량의 보고서 작성 ※사내 보고서 양식 기준

ChatGPT

디지털 폐기물: 정의, 현황과 대응 방안 보고서

1. 디지털 폐기물의 정의 및 문제점

디지털 폐기물이란 **전자 폐기물(e-waste)**과 **디지털 정보 폐기물**을 포괄하는 광의의 개념이다. 전자 폐기물은 더 이상 사용되지 않거나 수명이 다한 모든 전기·전자 제품을 말하며, 배터리나 플러그가 달린 폐기된 기기들을 포함한다 [1]. 예를 들어 스마트폰, 컴퓨터, 가전제품, 장난감 등 전원이 필요한 제품들이 이에 해당한다. 이러한 전자 폐기물에는 납, 수은, 카드뮴과 같은 유독성 중금속과 브롬화 난연제 등 위험한 물질이 포함되어 있어 부적절하게 처리될 경우 **심각한 환경 오염과 인체 피해**를 초래할 수 있다 [2]. 실제로 전자 폐기물을 제대로 처리하지 않으면 토양과 수질에 중금속이 누출되고, 이를 접하는 근로자나 인근 주민에게 암, 유산, 신경계 손상, 어린이 발달장애 등의 **건강 문제가 발생**할 수 있음이 보고되었다 [2]. 유엔 인권이사회는 농약, 플라스틱과 함께 전자 폐기물로 인한 오염이 **매년 최소 900만 명의 조기 사망을 유발**한다고 지적하며, 전자 폐기물 문제가 단순 환경 문제가 아닌 인권 문제이기도 함을 환기시켰다 [3].

한편 **디지털 정보 폐기물**은 일상적으로 생성·저장되지만 활용되지 않는 데이터들을 의미한다. 예를 들어 우리가 클라우드에 저장해두고 다시 열어보지 않는 사진·영상, 읽지 않는 이메일, 오래된 문서 파일 등이 모두 디지털 폐기물에 해당한다. 겉보기에 실체가 없어 환경에 영향을 주지 않을 것 같지만, 이러한 데이터 역시 **물리적인 서버 공간을 차지하고 저장·전송을 위해 에너지를 소비**한다 [4] [5]. 전 세계 데이터센터 가동을 위한 전력 소비와 냉각 과정은 막대한 온실가스를 발생시켜 환경에 부담을 준다. 한 보고서에 따르면 인터넷과 이를 지원하는 시스템들은 **연간 약 10억 톤의 온실가스**를 배출하고 있으며, 온라인에 저장된 데이터의 **90%는 한 번 저장된 후 재사용되지 않는 데이터** 즉 쓸모없는 정보로 추정된다 [6]. 이런 **"디지털 쓰레기"가 매년 수억 톤 규모의 온실가스를 추가로 발생**시켜 디지털 세계 역시 기후변화의 가시적 원인이 되고 있다 [7]. 기업 데이터의 약 52%가 가치 없이 방치된 **다크 데이터**로 밝혀졌으며, 이로 인한 불필요한 에너지 낭비로 **2020년에만 약 580만 톤의 이산화탄소가 배출**될 것이라는 분석도 있다 [8]. 요컨대 디지털 폐기물은 **물리적 전자 폐기물**과 **비물질적 데이터 폐기물**로 나뉘지만, 두 경우 모두 에너지와 자원 낭비를 초래하고 환경에 영향을 미친다는 공통점이 있다.

2. 전 세계 디지털 폐기물 배출 추이 (2015~2024)

그림: 전 세계 전자 폐기물 발생량 추이 및 전망 (2010~2030년). 2022년 전자폐기물 발생량은 6,200만 톤으로 2010년에 비해 82% 증가했으며, 현재 추세대로라면 2030년에 8,200만 톤에 이를 것으로 예측된다 [9] [10]. 전 세계 인구 1인당 e폐기물 배출량도 2014년 약 5.8kg에서 2022년 7.8kg으로 꾸준히 늘어났다 [11].

지난 10년간 **전 세계 전자 폐기물 발생량은 가파른 증가 추세**를 보였다. 2015년경 약 4천만 톤대 중반이던 전자폐기물 발생량은 매년 증가하여, **2019년에는 사상 최고치인 5,360만 톤**을 기록하였다 [11]. 이후로도 증가세는 지속되어 **2021년 약 5,740만 톤, 2022년에는 약 6,200만 톤**에 달한 것으로 집계된다 [11]. 이를 인구당 배출량으로 환산하면 2021년 전 세계 인구 1인당 **7.6kg**의 전자쓰레기를 배출한 셈이며, 2022년에는 **7.8kg/인**으로 늘었다 [11]. 2010년과 비교하면 2022년 배출량은 82% 증가하여 전자 폐기물이 **세계에서 가장 급속히 늘어나는 폐기물** 중 하나임을 보여준다 [9]. 이러한 증가 속도는 전 세계 인구증가율의 3배에 달하는 수준으로, 기술 보급과 소비 확대로 **전자제품 폐기가 폭발적으로 늘고 있음**을 시사한다 [12].

문제는 이렇게 늘어나는 e폐기물 중 **제대로 수거·재활용되는 비율이 매우 낮다**는 점이다. 2019년 기준으로 전 세계 e폐기물의 불과 **17%만이 공식적으로 수거·재활용**되었고 [11], 2022년에도 재활용률은 **22.3%**에 그쳤다 [11]. 나머지 80%에 가까운 전자 폐기물은 적절히 회수되지 못한 채 매립지나 소각로로 향하거나, 비공식적으로 처리되고 있을 것으로 추정된다. 그 결과 수십억 달러 상당의 금, 구리, 희토류 같은 귀중한 자원이 매년 폐기물과 함께 버려지고 있다 [13] [14]. 특히 희귀금속의 경우 e폐기물에서 회수되는 비율이 극히 저조하여, 현재 **전 세계 희토류 수요의 1%만이 폐전자제품 재활용으로 충당**되고 있을 정도다 [15]. 전자 폐기물 증가 속도가 공식 재활용 속도보다 5배나 빨라 이러한 격차가 더욱 벌어지고 있으며 [16], **특단의 대책 없이 현 추세가 계속된다면 2030년 전 세계 e폐기물 발생량은 8,200만 톤에**

달할 것으로 전망된다 [17] . 이는 지금보다 추가로 33% 증가한 수치로, 지구촌 전자쓰레기 문제가 앞으로도 심각한 도전으로 남을 것임을 보여준다.

3. 대한민국의 디지털 폐기물 배출 추이 (2015~2024)

한국은 IT제품 보급률이 높고 신제품 교체 주기도 짧아 **1인당 전자폐기물 배출량이 세계 평균의 두 배를 웃도는 수준**이다 [18] . 글로벌 통계에 따르면 대한민국에서 배출되는 전자폐기물 총량은 2016년경 약 **66만 5천 톤(인구당 13.1kg)** 수준으로 추산되었으며 [19] , 2021년에는 약 **81만 톤**으로 증가하여 국민 1인당 **15.8kg**의 e폐기물을 배출하는 것으로 집계되었다 [18] . 이는 같은 해 세계 평균(7.3kg/인)의 두 배가 넘는 수치로, 한국이 인구 대비 **전자제품 폐기량이 많은 국가 15위권**에 속함을 의미한다 [19] .

한국의 전자제품 소비가 활발한 만큼 **가정 내에 사용되지 않고 방치된 전자기기도 상당량 존재**한다. 2023년 녹색연합이 실시한 조사에 따르면 한국 가구당 평균 63개의 전기·전자제품을 보유하고 있었는데, 이 중 **13.8개는 고장이 아니어도 사용되지 않고 방치**되어 있었고 2개 정도는 고장난 채 버리지 못하고 집에 쌓여 있었다고 한다 [12] . 스마트폰의 경우 국민 1인당 평균 1.62대를 소유하지만 그 중 상당수가 예비용이나 폐기보류 상태로 남아 있고, 각 가정당 안 쓰는 휴대폰이 평균 1개 이상꼴로 확인되었다 [20] . 이처럼 **사용자들의 폐기 지연으로 잠재적인 폐전자제품이 가정에 축적**되고 있는데, 이는 적절한 수거 체계와 인센티브가 부족한 현실과 관련이 있다. 실제로 국민 설문에서 **60%는 쓰지 않는 폐가전제품을 처리하는 데 어려움을 겪고 있다**고 응답했으며 [21] , 특히 소형 가전의 경우 수거 장소를 찾거나 배출 절차를 알아보는 일이 번거로워 집에 그냥 쌓아두는 경우가 많다는 지적이 나온다. 현재 한국에서는 텔레비전·냉장고 등 대형 가전은 제조사가 방문 무상수거하고, 소형 가전은 주민센터나 전자상가 등에 마련된 수거함에 배출할 수 있다. 그러나 **제품 크기나 수량에 따라 배출 방법이 제각각**이고 5개 미만 소형폐기물은 스티커를 구매해 폐기해야 하는 등 절차가 복잡하여 시민들이 수거 서비스를 쉽게 이용하기 어렵다는 평가가 있다 [22] . 이러한 이유로 폐전자제품 상당수가 **공식 통계에 잡히지 않은 채** 가정 내에 머무르거나 불법적으로 처리될 가능성이 있다. 한국 환경부 등 공공기관에서도 전자폐기물의 **정확한 발생량이나 재활용률에 대한 통계를 현재까지는 종합적으로 산출·공개하고 있지 않으며**, 다만 TV, 세탁기 등 특정 **재활용의무대상 50개 품목**에 한해서만 회수·처리 실적이 집계되고 있는 실정이다 [23] . 그럼에도 글로벌 자료를 통해 볼 때 한국의 전자폐기물 발생량은 지난 10년간 꾸준히 증가해왔으며, **1인당 배출량 증가세도 세계 평균보다 가파른 편**이다. 이는 전자제품 소비율이 높고 신제품 교체주기가 짧은 국내 특성에 기인하며, 향후 적극적인 국내 통계 구축과 관리가 요구된다.

4. 디지털 폐기물 관련 국내외 주요 이슈 동향 (뉴스 및 연구)

- **국제 정책 동향:** 전자폐기물 문제가 심각해지자 국제사회와 각국 정부는 이를 완화하기 위한 정책을 잇달아 추진하고 있다. 특히 **유럽연합(EU)**은 순환경제 촉진을 위해 소비자의 '**수리할 권리(Right to Repair)**'를 보장하는 법안을 마련하고 있다. EU 의회는 제조업체가 전자제품 판매 후 최소 5~10년간 수리를 지원하도록 의무화하고 제품 설계를 내구성·수리용이성 위주로 개선하는 내용의 지침에 합의했다 [24] . 또한 2024년부터 스마트폰 등 소형기기의 충전단자를 USB-C로 통일하는 **공용 충전기 규제**를 시행하여, 호환성 부족으로 발생하는 불필요한 충전기 폐기물을 줄이고자 하고 있다 [25] . 이러한 EU의 정책들은 전자폐기물 감축을 위한 선도적 조치로 평가받으며, 글로벌 전자업계의 설계·유통 관행에도 변화를 유도하고 있다. 한편 **미국** 일부 주(뉴욕 등)도 전자제품 매립 금지와 수리권 보장법을 통과시켜 제조사의 수리 매뉴얼 공개 등을 요구하고 있으며 [26] , **일본**은 전자제품 재활용율을 높이기 위해 가전제품에 대한 보증 연장 및 역회수 체계를 운영 중이다. 국제 협약 측면에서는 **바젤협약**이 전자폐기물의 국가간 이동을 규제하고 있지만 여전히 매년 수백만 톤의 폐전자제품이 선진국에서 개발도상국으로 불법 수출되고 있어 협약 이행과 단속의 실효성을 높여야 한다는 지적이 제기된다 [27] .

- **사회적 관심과 캠페인:** 전자폐기물 문제가 대두되면서 **세계 전자폐기물의 날(World E-waste Day)** 지정, 언론 보도 등을 통해 대중의 인식도 개선되고 있다. 언론에서는 전자폐기물을 "**숨겨진 환경 파괴자**"로 지칭하며, 코로나19 기간 중 보급된 수많은 태블릿과 노트북이 향후 폐기될 때 생길 문제를 경고하기도 했다 [28] . 국제 환경단체들은 "Mount Recyclemore"와 같은 예술 작품을 통해 세계 지도자들의 얼굴을 전자폐기물로 형상화하여 버려지는 디지털 쓰레기의 규모를 알리는 퍼포먼스를 펼치기도 했다 [29] . 또한 **세계청소의날(World Cleanup Day)** 등의 캠페인에서는 디지털 데이터 정리의 중요성을 강조하며 불필요한 이메일이나 사진을 삭

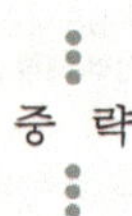

중 략

딥리서치
결과

우려가 있다 [35] . 이런 정황을 감안하면 **디지털 폐기물의 증가세를 둔화**시키지 못할 경우, 환경적 측면에서 전자폐기물의 유해물질 누출과 탄소 배출 가속이라는 **이중의 부담**이 가중될 것으로 보인다.

정책 제안: 디지털 폐기물 문제 해결을 위해서는 **공공부문을 중심으로 한 다각도의 정책 개입**이 필요하다. 아래에는 에너지 절감, 자원 순환, 공공 데이터 관리 등 다양한 시각에서의 정책 방안을 제안한다:

- ① **전자폐기물 회수·재활용 강화:** 전자폐기물의 적정 처리를 위해 가장 시급한 것은 **수거율 제고**와 **재활용 인프라 확충**이다. 각국 사례를 보면, **법정 수거 목표를 설정한 국가의 e폐기물 평균 회수율이 35%로, 목표가 없는 국가의 22%보다 훨씬 높았다**는 통계가 있다 [41] . 따라서 **국가 차원의 수거·재활용 목표치를 설정**하고 이를 법제화해 추진할 것을 제안한다. 예를 들어 대한민국도 연도별 전자폐기물 회수율(%)과 재활용률(%) 목표를 설정하고 지자체별 성과를 평가·공개함으로써 이행을 독려해야 한다. 수거 체계 개선 측면에서는 **소형 전자폐기물의 배출 편의성**을 높이기 위해 동네 공동주택, 편의점 등에 전용 수거함을 대폭 확대 설치하고, 일정량 이상의 폐기물을 배출할 경우 무상 방문수거를 더욱 손쉽게 예약할 수 있는 시스템을 구축해야 한다. 또한 **보상제도** 도입을 검토하여 휴대폰 등 소형 전자제품을 반납하면 소정의 보상(포인트 적립, 상품권 지급 등)을 제공해 **가정 내에 사장된 폐전자제품을 회수**하도록 유도할 필요가 있다. 회수된 폐기물에 대해서는 공공과 민간의 재활용 시설 투자를 확대하고, **최신 기술을 활용한 자원 추출 효율 향상**을 도모해야 한다. 정부가 희귀금속 회수 기술 개발 프로젝트를 지원하고 재활용 기업에 세제 혜택이나 보조금을 제공하여, 현재 경제성이 낮은 폐기물 자원화 분야에 혁신을 일으키는 것도 중요하다. 예를 들어 폐PCB로부터 금, 팔라듐 등의 회수율을 높이는 기술이나, 폐태양광 패널과 폐배터리로부터 유가자원을 추출하는 기술은 향후 자원순환의 핵심이므로 공공 연구개발(R&D) 투자를 통해 **상용화와 원가 절감**을 이루도록 해야 한다 [42] . 궁극적으로 전자폐기물 분야도 **생산자책임재활용(EPR)** 제도를 확대·강화하여 제조업체가 제품의 전생애에 걸친 회수와 재자원화에 책임을 지도록 하고, 생산단계에서부터 **재활용 친화적 설계(Eco-design)**를 의무화하는 방향으로 나아가야 한다 [43] .

- ② **"수리할 권리"와 제품 수명 연장:** 전자제품의 사용 수명을 늘려 폐기물 발생을 줄이는 것이 근본적인 해결책 중 하나다. 이를 위해 **공공정책으로 소비자의 수리권을 보장하고 제조사의 책임을 규정**해야 한다. 구체적으로는 국내에도 **전자제품 수리용 부품 및 서비스 제공을 의무화**하는 법규를 도입할 필요가 있다. 제품 구매 후 보증기간이 지나더라도 제조사가 일정 기간(예: 구매 후 5~7년) 동안은 부품 수급과 유상 수리를 지원하도록 법제화하면, 고장이나 성능 저하로 인한 조기폐기를 상당 부분 막을 수 있다. 또한 **제품 설계 단계에서부터 모듈화와 표준화**를 촉진해 부품 교체와 수리가 쉽게 이루어지도록 해야 한다. 이를 평가하기 위해 EU 일부에서 시행 중인 **제품 수리용이성 지수**나 **수리 가능 등급** 제도의 도입을 검토할 만하다. 예컨대 스마트폰, 노트북 등의 제품에 대해 수리 난이도와 부품 공급기간 등에 점수를 매겨 소비자가 **내구성이 높은 제품을 선택**할 수 있게 정보 제공을 의무화할 수 있다. 더불어 공공기관부터 솔선수범하여 전자제품을 **구매할 때 최저가 위주가 아닌 내구성·업그레이드 가능성을 고려한 조달 기준**을 마련해야 한다. 공공부문 IT장비의 교체 주기를 연장하고 중고 재활용을 활성화하면, 민간에도 파급효과를 줄 수 있다. 마지막으로, **제조 단계에서의 내구성 기준 강화**도 필요하다. 현재 EU는 제품별로 내구 연한과 내구성 시험 기준을 마련하는 생태설계 규정을 추진 중인데 [44] , 한국도 냉장고, 세탁기 등 내구재에 대해 **최소 내구성 표준**을 만들고 일정기간 내 고장시 무상수리·교환을 의무화하는 방안을 고려할 수 있다. 이러한 수리권 보장과 제품 수명 연장은 전자폐기물 발생 자체를 줄여주는 효과적인 수단으로서, **순환경제로의 전환**에 핵심적인 역할을 할 것이다.

- ③ **불법수출 및 비공식 처리 근절:** 전자폐기물의 상당 부분이 개발도상국으로 **불법 수출**되어 열악한 환경에서 처리됨에 따라, 국제적 환경·인권 문제가 되고 있다 [27] . 이를 막기 위해 국내에서 발생하는 폐전자제품은 **국내에서 책임지고 처리**한다는 원칙 아래, 관세청·환경부 합동으로 전자폐기물의 수출입 단속을 강화해야 한다. 특히 폐기물로 위장 반출되는 중고 전자제품 흐름을 추적하기 위해 모니터링 시스템을 구축하고, 적발 시 강력한 처벌과 반송 조치를 취할 필요가 있다. 또한 국제 공조를 통해 주요 수입국과의 협약을 맺어 **전자폐기물 교역 감시망**을 만들고 정보공유를 확대해야 한다. 이와 함께, 국내에서도 **비공식적 처리**를 근절하도록 불법 투기·소각에 대한 감시와 처벌을 강화해야 한다. 예컨대 행정단위별로 폐기물 관리감독 인력을 보강하고, 주민 신고 포상제를 통해 무허가 재활용 공장이나 불법 소각 행위를 적발하는 등의 노력이 요구된다. 공공기관은 이러한 단속뿐만 아니라, 영세 비공식 처리업자들이 **공식 재활용 체계로 편입**될 수 있도록 지원 프로그램을 운영할 수 있다. 자격 요건을 갖추고 환경기준에 맞게 운영하도록 시설 개선을 돕는 한편, 개선이 어려운 영세 업자들에 대해서는 다른 생계전환을 지원함으로써 **음지의 유해처리를 양지의 안전처리로 전환**시켜야 한다.

딥리서치 결과

- ④ **에너지 절감형 디지털 인프라 구축:** 디지털 데이터의 폭증에 대응하여 **데이터센터의 에너지 효율을 높이고 친환경화**하는 정책이 중요하다. 전 세계적으로 데이터센터는 막대한 전력을 소비하고 있어, 2020년대 중반에는 ICT 부문의 탄소배출 비중이 전체의 8% 이상까지 상승할 것이라는 전망도 있다 [45]. 공공 부문에서는 우선 **정부 데이터센터 및 클라우드 인프라에 대한 그린 기준**을 마련해야 한다. 예를 들어 공공기관이 이용하는 데이터센터는 **전력효율지수(PUE)** 등의 지표를 일정 수준 이하로 유지하는 시설을 우선 사용하고, 재생에너지 전환을 적극 추진하도록 규정할 수 있다. 실제로 유럽에서는 데이터센터 사업자들이 **2030년까지 기후중립을 달성**하기로 한 자발적 협약(Climate Neutral Data Centre Pact)에 서명하고 운영 전력의 재생에너지 전환 및 폐열 활용 등을 약속하고 있다 [46]. 한국도 주요 데이터센터에 대한 **에너지 소비 신고제 혹은 목표관리제**를 도입하여 효율 개선을 유도하고, 일정 규모 이상의 센터는 폐열을 지역난방 등에 재활용하는 설비를 갖추도록 권장할 수 있다. 아울러 데이터센터 신·증설 시 **환경영향 평가**에 온실가스 배출 항목을 포함시켜, 지역 전력 인프라에 미치는 영향과 탄소배출 저감계획을 검토하게 하는 것도 고려할 만하다. 한편 **네트워크 장비와 서버의 업그레이드 주기**를 조절하여, 아직 사용 가능한 장비를 조기 폐기하지 않고 최대한 활용하도록 하는 지침도 내부적으로 마련해야 한다. 예컨대 공공기관의 서버 교체 기준을 성능 수요와 연계하여 **불필요한 교체를 지양**하고, 폐기시에는 타 기관에 재사용하거나 민간에 불용품으로 매각하여 **장비의 2차 활용**을 촉진해야 한다. 이러한 조치를 통해 디지털 인프라에서 비롯되는 전력소모와 전자폐기물을 함께 줄이는 **친환경 디지털 전환**을 도모할 수 있다.

- ⑤ **공공 부문의 데이터 관리 혁신:** 디지털 폐기물 중 **데이터 폐기물** 문제를 완화하기 위해, 공공기관이 선도적으로 **데이터 관리 전략**을 수립하고 실천해야 한다. 구체적으로 모든 공공기관은 정기적으로 **보유 데이터 현황을 점검**하여 오래되었거나 중복되고 사용되지 않는 데이터를 식별·삭제하는 **데이터 클린업(data cleanup)** 정책을 도입할 필요가 있다. 예를 들어 매년 불필요한 이메일, 보고서 파일, 중복 백업본 등을 지정 기간에 일괄 정리하는 캠페인을 전 부처적으로 시행할 수 있다. 이렇게 함으로써 저장 공간을 효율화하고 불필요한 전력 낭비를 줄일 수 있다. 앞서 언급된 조사처럼 전 세계적으로 저장된 데이터의 50~90%가 활용되지 않는 "ROT 데이터" 또는 "다크 데이터"로 분류되는 만큼 [47] [48], 공공 영역에서 이러한 데이터 청소 관행을 정착시키는 것은 **디지털 탄소 발자국 감축**에 기여할 것이다. 또한 신규 데이터 생성 시에도 **수명주기 관리 원칙**을 적용해, 수집부터 활용·폐기에 이르는 단계별로 꼭 필요한 데이터만 저장하도록 해야 한다. 예를 들어 대용량 CCTV 영상이나 공공기관 로그 데이터 등은 보존 기간을 합리적으로 설정하고 기한이 지나면 자동 폐기하는 시스템을 구축할 수 있다. 정부 차원에서 **"녹색 데이터 지침"**을 만들어 공공기관과 공기업의 데이터센터 운영, 클라우드 사용, PC 전력관리 등에 대한 세부 수칙을 제공하면 각 기관이 참고하여 실행에 옮길 수 있을 것이다. 나아가 이러한 공공 부문의 모범 사례를 **민간 부문과 공유**하여 기업들도 데이터 관리의 중요성을 인식하고 동참하도록 유도해야 한다. 기업의 경우도 불필요한 데이터 보관은 비용일 뿐 아니라 환경 부담이므로, 정부가 산업계 대상 교육·홍보를 통해 **효율적 데이터 관리가 곧 ESG 경영의 일환**임을 강조하면 사회 전반의 의식 개선을 꾀할 수 있다.

- ⑥ **교육·인식 제고 및 국제협력:** 마지막으로 디지털 폐기물 문제를 근본적으로 해결하려면 **시민들의 인식 전환과 글로벌 협력**이 필수적이다. 국민들을 대상으로 전자폐기물의 위험성과 올바른 처리 방법을 지속적으로 교육하여, **사용자 차원에서 전자제품의 수명 연장과 적정 폐기가 이루어지도록** 유도해야 한다. 예를 들어 학교 교육과정에 자원순환 교육을 포함하고, 세계 전자폐기물의 날(10월 14일) 등에 맞춰 대국민 캠페인을 전개함으로써 생활 속 실천을 독려할 수 있다. 디지털 데이터에 대해서도 마찬가지로, 불필요한 이메일을 지우고 구독을 해지하는 등의 **디지털 발자국 줄이기 실천 수칙**을 홍보하여 많은 사람이 동참하게 할 필요가 있다 [30] [49]. 한편 이 문제는 국제적인 대응이 요구되므로, 한국도 유엔 산하 **E-waste 연합** 및 관련 협의체에 적극 참여하여 지식과 기술을 공유해야 한다. 글로벌 E-waste 모니터 보고서에 따르면 여전히 데이터 수집과 정책수립에 재원 부족 등의 어려움이 있어 국제 공조가 미흡한 상황인데 [50], 우리나라가 관련 연구·통계를 지원하고 주변국과 협력 사업을 추진한다면 지역 차원의 개선을 이끌 수 있을 것이다. 특히 동남아시아 등 **한국산 전자제품이 수출되는 지역의 폐기물 관리 역량 강화**를 위해 ODA 사업으로 재활용 시설 구축이나 인력 교육을 지원하는 방안도 제시할 수 있다. 국내 기업들에도 생산국으로서 책임 의식을 갖고 수출 제품의 회수 시스템을 구축하도록 요구하고, 해외 현지에서의 폐제품 수거 프로그램을 운영하도록 독려해야 한다.

以上와 같은 다층적인 접근을 통해 **"디지털 폐기물의 악순환"을 "지속가능한 순환"으로 전환**하는 노력이 시급하다. 전자제품의 생산-소비-폐기의 전체 라이프사이클에 걸쳐 **정책적介入**이 이루어지고, 국민과 기업의 **행태 변화**가 뒤따른다면, 현재 우려되는 디지털 폐기물 급증 추세를 둔화시키고 환경·자원 측면의 피해를 최소화할 수 있을 것이다. 무엇보다 중요한 것은 **정부의 의지와 거버넌스**이다. 디지털 혁신 시대의 이면인 폐기물 문제를 간과하지 말고 선제적으로 대응한다면, 지속가능한 디지털 경제를 구축하고 미래 세대에 건강한 환경을 물려주는 데 기여하게 될 것이다.

- 공신력 있는 기관으로부터의 다양한 출처 자료를 사용하여 단시간 안에 심도 있는 분석 가능
- 여러 제약 조건을 제시하더라도 응답 시간이 기하급수적으로 증가하지 않고, 오히려 질문자가 원하는 형태의 응답 도출
- 도출된 응답을 전격 수용하기보단, 참고하여 본인의 의견을 도출하는 것이 더욱 의미 있는 결과물로 이어짐
- 딥리서치 미사시, 응답을 단순 나열 형태로 제공하여 논리 및 설득력 미흡

5-6. 개방된 공공데이터 정보를 활용한 인사이트 도출

목적	KCA가 개방한 공공데이터 중 활용된 데이터들을 대상으로, 시기 별로 어떤 내용의 데이터와 데이터 타입이 선호되었는지 분석
방법	KCA가 4년간 개방한 데이터들을 데이터명/데이터목록/분류체계/파일유형/확장자/등록일/다운로드 수 등으로 정리한 csv파일을 딥리서치에 사용. ※개인정보 및 회사 기밀정보는 입력하지 않도록 주의
딥리서치 질의 내용	『첨부한 파일은 KCA가 개방한 공공데이터에 관한 정보 파일입니다. 해당 파일을 통해 인사이트 도출을 위한 다양한 분석을 진행해주세요. 1. 현재 KCA가 보유 중인 데이터 현황 분석 등 2. 과거부터 현재(개방기간 기준)까지 KCA가 보유한 데이터의 분류 체계, 파일 유형, 확장자 등을 가지고 추세 분석 등 3. 다운로드 수와 분류 체계, 파일 유형, 확장자의 상관관계 분석 등 조건1. 이 데이터를 가지고 할 수 있는 분석 중 내가 놓친 분석법이 있다면 진행 조건2. 이로 인해 얻을 수 있는 인사이트 제시 조건3. 상세한 분석 보고서 작성』

딥리서치
결과

결과 : 8장 분량의 보고서 작성 ※사내 보고서 양식 기준

ChatGPT

KCA 공공데이터 4년간 활용 통계 분석

KCA 보유 데이터 현황 분석

KCA(한국방송통신전파진흥원)는 지난 4년간 총 **94개의 공공데이터**를 개방했습니다. 이 데이터들은 교육, 과학기술, 재정금융, 공공행정의 4가지 분류체계로 분류되어 있으며, 대부분은 **텍스트 형식(CSV/Excel 등)**의 데이터입니다. 개방 데이터 **94개 중 약 86%에 해당하는 81개**가 텍스트 파일 형태이고, 나머지 **13개(약 14%)**는 이미지 또는 PDF 등 기타 형태로 제공되고 있습니다. 분류체계별로는 과학기술 분야 데이터가 **45개(약 48%)**로 가장 많고, 다음으로 교육 분야 **34개(36%)**, 공공행정 **11개(12%)**, 재정금융 **4개(4%)** 순입니다. 데이터 파일의 확장자도 주로 CSV가 많고, 그 외 PDF, HWP/HWPX(한글문서), XLS/XLSX(엑셀), 이미지(JPG) 등이 일부 있습니다.

KCA 개방 데이터 분류체계 및 파일유형 분포 (좌: 분류체계별 데이터 개수, 우: 파일 유형별 데이터 개수)

이처럼 KCA가 보유한 공공데이터는 **과학기술과 교육 분야**에 집중되어 있고, **CSV 등의 오픈 포맷**으로 제공되는 데이터가 대부분을 차지합니다. 상대적으로 재정금융 분야나 공공행정 분야 데이터는 개수 자체가 적은 편입니다. 또한 파일 유형 측면에서도 **표 및 통계자료 형태의 텍스트 데이터** 위주이며, **이미지 형태의 데이터는 극히 일부**임을 알 수 있습니다. 이는 KCA 공공데이터 개방이 주로 **정형 데이터**(표 형식의 데이터셋) 중심으로 이루어졌음을 보여줍니다.

분류체계·파일유형·확장자별 데이터 추세 분석

KCA 공공데이터 개방은 **2018년말~2019년경부터 시작된 것으로 추정**되며, 활용기간 기준으로 2021년~2025년까지 4년간의 추이를 살펴볼 수 있습니다. **매년 새로운 데이터 세트가 추가**되어 왔으며, 특히 **2024년 기간에 신규 데이터 개방이 대폭 증가**했습니다. 처음 개방을 시작한 2021년에는 44개의 데이터가 있었고, 이후 2022년에 16개, 2023년에 6개, 2024년에 무려 28개의 새로운 데이터가 개방되었습니다. 이에 따라 4년간 개방된 데이터의 **누적 개수는 2022년 60개, 2023년 66개, 2024년 94개**로 증가했습니다. 아래 그래프의 하단 부분에서 이러한 데이터 개방 건수의 **증가 추이**를 확인할 수 있습니다.

한편, 공공데이터 **활용량(다운로드 수)** 역시 해마다 크게 증가하는 추세입니다. 2021년~2022년에는 전체 다운로드 수가 약 **3,326건**이었지만, 2022~2023년에 **5,475건**으로 늘었고 2023~2024년에는 **9,300건**으로 증가했습니다. 가장 최근 기간인 2024~2025년에는 **22,622건**으로 폭발적으로 증가하여, 4년 전보다 **약 6.8배**의 다운로드 증가를 보였습니다. 이는 개방 데이터의 축적 효과와 함께, 일부 인기 데이터의 등장으로 이용 수요가 급증했기 때문으로 분석됩니다.

연도별 전체 다운로드 추이(상단)와 누적 개방 데이터셋 수 추이(하단). 2024년 기간에 데이터 개방과 활용이 크게 증가했다.

분류체계별 추이를 보면, 초기에 교육 분야와 과학기술 분야 데이터가 모두 활용되었으나 **시간이 지남에 따라 과학기술 분야 데이터 활용이 두드러지게 증가**했습니다. 2021년에는 교육과 과학기술 분야가 각 약 1,600건씩으로 비슷했으나, 2024년 기준으로 과학기술 분야 데이터의 다운로드는 2만여 건으로 폭증한 반면 교육 분야는 1,500건 수준에 그쳤습니다. 공공행정 분야 데이터는 **2024년에 처음으로 활용**(약 623건)되었는데, 이는 해당 분야 데이터셋(예: ChatGPT 업무 활용 가이드북 등)이 최근에 새롭게 개방되었기 때문입니다. 재정금융 분야 데이터 활용은 연간 100~300건 수준으로 비교적 저조하게 유지되었습니다.

파일 유형 및 확장자 추이를 살펴보면, **텍스트 형태 데이터는 매년 꾸준히 추가**된 반면 이미지 형태 데이터는 **주로 2022년에 몇 건 추가**된 이후 최근에는 거의 추가되지 않았습니다. 2021년 개방 데이터 중 약 5건이 이미지(PDF 포함)였고, 2022년에는 7건의 이미지(PDF) 데이터가 새로 추가되었으나 2023년 이후로는 이미지 유형 신규 개방이 없습니다. 대신 **PDF 문서 형태 데이터의 개방이 2024년에 크게 늘어** 2024년에 새로 개방된 28개 중 절반에 가까운 14개가 PDF 형

식이었습니다. 반면 **한글 문서(HWP)** 형태 데이터는 초기엔 일부 있었으나 이후 **개방이 중단되고, 대신 개선된 형식(HWPX)**으로 2022년부터 도입되어 2024년까지 총 6개 데이터가 HWPX로 개방되었습니다. 전반적으로 최근 들어 **CSV 등 기계가독형 데이터 뿐 아니라 PDF 보고서 형태의 자료도 많이 개방**하고 있는 추세이며, 한글(HWP) 등의 폐쇄형 포맷은 점차 줄어들고 있습니다.

요약하면, **KCA의 공공데이터 개방 규모는 최근 1년간 크게 확대**되었으며, 주력 분야인 과학기술 분야의 데이터와 **CSV 등의 오픈 포맷 데이터** 중심으로 활용이 증가해왔습니다. 한편으로 기관 내부 자료 성격의 **PDF 보고서형 데이터 개방도 증가**하고 있으나, 해당 자료들은 활용도는 상대적으로 낮은 편입니다. 이미지 데이터 개방은 시도되었으나 비중이 매우 낮고 최근에는 거의 이루어지지 않는 모습입니다.

다운로드 수와 데이터 특성 간 상관관계 분석

공공데이터 이용량(다운로드 수)은 **데이터의 주제(분류체계), 파일 유형 및 형식(확장자)** 등에 따라 큰 차이를 보였습니다. **분류체계별로 과학기술 분야 데이터가 가장 높은 다운로드 수**를 기록하였는데, 4년간 누적 다운로드 기준으로 과학기술 분야가 총 **33,422건**으로 전체의 약 **82%**를 차지했습니다. 특히 과학기술 분야의 몇몇 데이터셋이 폭넓게 활용되면서 이 분야 평균 다운로드 수(약 743건)가 다른 분야보다 훨씬 높았습니다. 예를 들어, "**전파누리_최신뉴스**" 데이터셋은 4년간 **총 19,445건**의 다운로드【62†】가 발생하여 **전체 KCA 데이터 중 가장 인기있는 데이터**로 나타났습니다. 이 데이터 한 개가 전체 다운로드의 약 **48%**를 차지할 정도로 압도적으로 활용되고 있습니다. 그밖에 과학기술 분야의 "전파누리_정책시장동향"(4,815건), "전파누리_기술연구자료"(678건) 등도 상위권에 있어, **과학기술 분야 데이터에 대한 수요가 매우 높음**을 알 수 있습니다. 반면 **공공행정 분야** 데이터의 경우, 해당 분야 전체 **누적 다운로드가 623건에 불과**하여 비교적 활용이 저조했습니다. 다만 이 분야에는 최근에 개방된 **"Chat GPT 업무활용 가이드북" 데이터가 1년 간 595건**으로 높은 관심을 받았지만, 그 외 다른 공공행정 데이터들은 거의 활용되지 않아 **분야 내 편차가 크고 전반적 평균은 낮았습니다.**

파일 유형 관점에서는 **텍스트 데이터의 활용도가 월등히 높았습니다.** 텍스트 형태로 개방된 데이터(예: CSV, XLSX 등 표 데이터)는 1개당 평균 **약 492건**의 다운로드를 기록한 반면, 이미지/PDF 형태 데이터는 1개당 평균 **64건** 수준에 머물렀습니다. 전체 다운로드 수 중 **거의 98% 이상이 텍스트 파일 데이터에서 발생**했을 정도로, **이미지형 데이터는 활용도가 낮았습니다.** 이는 이미지/PDF 자료가 재활용이나 분석에 한계가 있어 상대적으로 수요가 적기 때문으로 해석됩니다. 실제로 KCA 전체 데이터 다운로드 **약 4만여 건 중 90% 이상이 CSV 파일** 다운로드였으며, PDF/HWP 등 비가공문서 형태의 다운로드 비중은 매우 적었습니다. 예를 들어 CSV 형식 데이터들은 합계 **3.7만 건** 이상 다운로드된 반면, PDF 형식 데이터들은 **1,500여 건** 정도에 그쳤습니다. 이러한 수치는 **개방된 데이터의 형식이 이용 활성도에 큰 영향을 준다**는 점을 시사하며, **오픈 포맷으로 제공되는 정형 데이터일수록 활용도가 높다**고 볼 수 있습니다.

또한 **데이터의 최신성/업데이트 주기와 다운로드 상관관계**도 눈에 띕니다. 가장 인기있는 "전파누리_최신뉴스" 데이터셋은 주기적으로 갱신되는 최신 뉴스 데이터를 제공하여 이용자들이 반복적으로 찾는 자료로 보입니다. 이처럼 **지속적으로 내용이 업데이트되고 실시간성 있는 데이터일수록** 다운로드 수가 누적되어 높아지는 경향을 보였습니다. 반면 **일회성으로 제공되는 정적 데이터**(예: 단발성 보고서나 과거 통계자료)는 공개 초기 일정 수준 다운로드된 후에는 크게 늘어나지 않는 모습이었습니다. 예를 들어 교육 분야의 자격검정 통계 자료들은 초기에 수백 건의 다운로드가 있었으나 시간이 지나며 증가세가 둔화되었습니다. 이는 **데이터의 활용 가치가 시간 경과에 따라 감소**하기 때문으로, **최신 정보일수록 활용도가 높고 오래된 데이터일수록 관심이 줄어드는 경향**을 보여줍니다.

요약하면, **KCA 공공데이터의 활용 성과는 데이터의 내용과 형식에 따라 큰 차이**를 보였습니다. **과학기술 분야의 기계가독형 데이터(CSV 등)**가 가장 높은 활용도를 보였고, **교육 분야의 일부 데이터가 그 뒤를 이었습니다. 공공행정/재정 분야 데이터는 개수도 적고 활용도도 낮아** 상대적으로 부진한 모습입니다. 또한 **오픈형 데이터포맷(예: CSV)**으로 제공되는 데이터는 높은 활용도를 보인 반면, **PDF/이미지 형태 자료는 활용도가 떨어졌습니다.** 이러한 상관관계는 향후 KCA가 **어떤 분야와 어떤 형식의 데이터를 중점적으로 개방해야 할지 방향성**을 제시해줍니다.

중 략

추가 분석 및 시사점

분석 과정에서 더 살펴볼 만한 사항으로, **데이터 개방 시기와 활용도의 관계**가 있습니다. KCA 데이터는 **초기에 개방된 데이터일수록 누적 다운로드가 많고**, 최근에 신규 개방된 데이터는 아직 활용 실적이 적습니다. 이는 당연한 결과이지만, 흥미로운 점은 **신규 데이터라도 콘텐츠에 따라 빠르게 활용도가 올라가는 경우**가 있다는 것입니다. 예를 들어 2024년에 개방된 ChatGPT 가이드북은 개방 1년 내에 500건이 넘는 다운로드를 기록하며 빠르게 인기 데이터로 자리잡았습니다. 반면 같은 시기 개방되었어도 **특정 분야 보고서 등은 1년간 다운로드 수 한 자릿수에 머문 사례**도 있습니다. 이처럼 **콘텐츠의 대중성, 실용성에 따라 활용 속도에 차이가 크므로, 신규 데이터 개방 시 초기 홍보와 수요파악이 중요**할 것으로 보입니다.

또 다른 관점으로 **데이터 세트별 다운로드 편중 현상**을 들 수 있습니다. 앞서 언급했듯이 단일 데이터(전파누리_최신뉴스)에 다운로드가 집중되는 현상이 있는데, 상위 **1개의 데이터에 전체 다운로드의 절반 가량**이 집중되고, **상위 5개 데이터가 전체의 80% 이상**을 차지합니다. **대다수의 나머지 데이터들은 활용도가 매우 낮은 긴 꼬리(long tail)**를 형성하고 있습니다. 이는 KCA가 다양한 데이터를 개방하고 있지만, 실제로 **이용자들은 소수의 인기 데이터에만 관심**을 갖고 있음을 보여줍니다. 이러한 편중은 **인기 데이터의 지속적 관리 및 품질 유지가 중요**함을 의미하는 한편, **활용도가 저조한 데이터에 대해서는 품질 개선이나 활용 활성화 방안을 고민**해야 함을 시사합니다. 예컨대, 거의 다운로드가 없는 데이터는 메타데이터 개선이나 활용 사례 발굴, 혹은 수요 재평가를 통해 보다 가치있는 방향으로 개편할 필요가 있습니다.

오픈포맷 준수 여부도 시사점을 주는데, 현재 KCA 데이터의 오픈포맷 등급을 보면 CSV 등은 "3단계 이상"으로 개방되었지만, PDF나 한글문서는 오픈포맷 요건을 충족하지 못해 "-"로 표시되어 있습니다. **전체 데이터 건수 대비 약 20~25%는 완전한 오픈형식이 아닌 형식으로 제공**되고 있습니다. 이들 비오픈형식 데이터의 활용도가 낮은 점을 고려하면, **가능한 한 데이터를 기계가공이 쉬운 형식으로 제공하도록 개선**하는 것이 이용 활성화에 기여할 것입니다.

마지막으로, **분류체계 측면에서의 균형**도 생각해볼 수 있습니다. 현재 과학기술과 교육 분야 데이터 위주로 개방되어 있는데, 이는 KCA 기관의 주요 업무영역에 맞춘 것이지만 공공행정이나 재정금융 분야 데이터도 일부 보유하고 있습니다. 이들 분야 데이터는 아직 적고 활용도 낮지만, 향후 **데이터 개방 전략 차원에서 기관의 다양한 업무 분야 데이터를 고르게 개방**함으로써 **데이터 포털 내 KCA의 기여 영역을 확대**할 수 있습니다. 특히 **공공행정 분야**는 이번에 ChatGPT 가이드북처럼 **기관 내부 지침이나 보고서 공유를 통해 국민과 소통**할 수 있는 영역이며, **재정금융 분야**는 KCA의 예산 집행, 기금 운용 등 **투명성 제고를 위해 의미있는 데이터 개방 분야**가 될 수 있습니다. 이러한 잠재 가치에도 불구하고 현재 해당 분야 개방이 미흡하므로, **향후 이들 분야로 개방을 넓히는 전략**이 필요합니다.

결론 및 향후 개방 방향

본 분석을 통해 **KCA 공공데이터 개방의 현황과 문제점, 그리고 향후 방향**에 대해 다음과 같은 인사이트를 얻었습니다:

- **과학기술 분야 핵심 데이터에 대한 지속적인 관리:** 현재 KCA 데이터 활용은 전파누리 최신뉴스 등 **일부 과학기술 데이터에 집중**되어 있으므로, 이들 **핵심 데이터의 품질 유지와 업데이트를 안정적으로 지원**해야 합니다. 해당 데이터의 인기 요인을 참고하여 **유사한 수요가 있는 콘텐츠**(예: 정책동향, 기술자료 등)를 추가 발굴해 개방하면 활용도를 더욱 높일 수 있습니다.

- **저조한 분야 데이터에 대한 활용 촉진 방안:** 교육, 공공행정, 재정금융 등 **활용도가 낮은 분야의 데이터에 대해서는 활용 촉진 노력이 필요**합니다. 예를 들면, 교육 분야 자격검정 관련 데이터는 수요층(응시자 등)에 대한 **인지도 제고를 위한 홍보**가 필요하고, 공공행정 분야 내부자료(가이드북 등)는 **국민들이 쉽게 접근할 수 있도록 홍보기사를 발행**하거나 **활용사례를 만들어 공유**하는 등 **수요 환기 전략**이 고려되어야 합니다. 활용도가 특히 낮은 데이터는 **사용자 피드백을 받아 내용 개선** 또는 **데이터 형식 변경(CSV 변환 등)**을 검토하여 활용성을 높일 수 있습니다.

- **오픈 포맷 및 데이터 품질 개선:** KCA 데이터의 약 1/4은 PDF/HWP 등 **비구조적 형식으로 제공**되고 있어 활용에 한계가 있습니다. 향후 가능하다면 **자료를 가공하여 CSV, XLSX 등의 구조적 형식으로 추가 제공**하거나, 원본 문서라도 **텍스트 추출본, 메타데이터를 함께 제공**하여 기계 판독성을 높이는 것이 바람직합니다. 또한 메타

딥리서치
결과

데이터(데이터 설명, 태그 등)를 충실히 기재하여 이용자가 데이터를 쉽게 찾고 이해하도록 해야 합니다. **데이터 품질과 접근성을 향상**시키는 노력이 곧 활용 증가로 이어질 것입니다.

- **데이터 개방 범위 확대:** 현재 개방된 데이터가 KCA 업무의 특정 부분에 치우쳐 있으므로, **기관 내 개방가능한 데이터 목록을 전수 조사**하여 새로운 개방 대상을 발굴해야 합니다. 특히 **공공행정 분야(사업계획, 평가보고 등)**나 **재정 관련 데이터(예산 집행 내역, 기금 운용 성과)**는 국민의 알권리 차원에서도 공개 가치가 높습니다. 이러한 데이터들은 타 기관 사례를 참고하여 **적절한 비식별화와 요약 과정을 거친 후 공개**를 검토할 수 있습니다. **개방 데이터의 다양성과 포괄성을 높이는 방향**으로 나아가는 것이 KCA의 공공데이터 개방 수준을 한 단계 향상시킬 것으로 기대됩니다.

종합하면, **KCA의 지난 4년간 공공데이터 개방은 양적·질적으로 성장해왔으나, 이용 현황을 보면 특정 분야·데이터에 편중된 활용과 일부 비정형 데이터의 한계가 드러납니다.** 따라서 향후에는 **인기 데이터는 계속 강화**하고 **부진한 데이터는 개선 또는 전략적 개방 확대**를 추진해야 합니다. 특히 **기계가공이 용이한 형태로의 개방, 새로운 데이터 분야의 발굴, 이용자 요구에 맞춘 데이터 제공**이 중요합니다. 이러한 방향으로 공공데이터 개방 정책을 보완한다면, KCA 데이터의 **전반적인 활용도를 높이고 국민에게 더 큰 가치를 제공**할 수 있을 것입니다.

- 필요시 시각화 기능도 제공
- 단순한 데이터 분석을 넘어 유의미한 인사이트 도출 가능
- 딥리서치 미사용시 첨부 파일의 수치 자료에 대해 단순 정리만 제공, 데이터 상세 분석 미흡 및 인사이트 도출 내용과 설득력이 부실

5-7. 설문조사 자료를 통한 데이터 분석 및 인사이트 도출

목적

KCA의 공공데이터 활용 활성화를 위한 대국민 설문조사 결과를 토대로 공공데이터 현황 · 인식 등을 분석 후 인사이트 도출.

방법

KCA의 공공데이터 활용 활성화를 위한 대국민 설문조사 데이터를 딥리서치 모델이 쉽게 읽을 수 있도록 전처리 한 후, 다양한 분석 및 인사이트 요청.

※개인정보 및 회사 기밀정보는 입력하지 않도록 주의

딥리서치 질의 내용

『첨부된 파일은 한국방송통신전파진흥원의 공공데이터 활용 활성화를 위한 대국민 설문조사 자료를 취합한 데이터입니다. 해당 데이터를 통해 아래와 같은 분석을 진행해주세요.

1. '공공데이터의 개념 및 제공 정책에 대해 전반적으로 아는지' 와 'KCA가 제공하는 공공데이터에 대해 아는지' 를 통해 KCA 공공데이터에 대한 인지도 분석
2. '성별', '연령대', '현재 하는 일', '공공데이터 활용 확대를 위한 효과적인 홍보방안'을 통해 어떤 홍보방안을 더 활성화 시켜야 될지 분석
3. 'KCA의 공공데이터를 활용한 경험이나 활용할 계획 있는지', '공공데이터 활용 경험 및 계획이 있다면 그 목적', 'KCA공공데이터 활용한 사례 경험', 'KCA공공데이터 중 가장 활용성 높을 것 같은 데이터'를 통해 어떤 공공데이터가 많이 사용될거라 예상하고 실제로 어떤 공공데이터가 많이 사용됐는지 분석
4. 'KCA공공데이터 중 가장 활용성 높을 것 같은 데이터'와 'AI학습에 적합하다고 생각하는 KCA공공데이터분야'를 통해 관련성이 있는지 분석
5. 'KCA공공데이터 활용도 제고를 위한 개선방안', '데이터를 AI학습에 활용하는데 어려운 이유', 'AI친화적 공공데이터 개방 시 개선사항 및 제안'을 통해 어떻게 데이터를 개방/관리 등을 해나가야 할지 분석
6. '선호하는 공공데이터 형식'과 '신규 AI학습용 데이터 구축시 선호하는 데이터형태'가 같은지 분석

조건1. 상세한 분석 필요
조건2. 분석시에는 첨부된 파일의 자료만 가지고 진행
조건3. 첨부된 파일의 비정형 데이터는 간단한 전처리 후 핵심 키워드 사용
조건4. 첨부된 파일의 수치 자료는 임의로 변환 금지
조건5. 팀 내 보고서 목적
조건6. 한국어로 작성
조건7. 위와 같은 분석을 통해 도출되는 인사이트 제시』

20장 분량의 보고서 작성 ※사내 보고서 양식 기준

ChatGPT

KCA 공공데이터 활용 설문조사 분석 보고서

본 보고서는 한국방송통신전파진흥원(KCA)의 **공공데이터 활용 활성화를 위한 대국민 설문조사** 결과를 분석한 것이다. 2025년 실시된 이 설문에는 총 **443명**이 참여하였으며, 응답자 구성은 남성 227명(51.2%), 여성 216명(48.8%)으로 성별이 고르게 분포되었다. 연령대는 30대(41.5%)와 40대(26.6%)가 주류를 이루었고, 20대(23.0%)와 50대 이상(8.6%)이 그 뒤를 이었다. 직업별로는 일반기업 종사자(59.4%)의 비중이 가장 높았으며, 학생(9.5%), 창업/사업자(9.7%), 공공기관 종사자(9.0%), 학계/연구계(8.6%) 등이 고르게 포함되었다. 분석 방법으로는 설문 문항별 **기술통계 분석**(응답 분포 파악)과 주요 문항 간 **비교분석** 및 자유응답 문항에 대한 **키워드 빈도분석**을 활용하였다. 아래에서는 질문 주제별로 데이터를 상세히 분석하고, 이를 통해 얻어진 인사이트와 제언을 제시한다.

1. KCA 공공데이터 인지도 분석

분석 목표: 응답자들이 **공공데이터의 개념 및 제공 정책**을 전반적으로 알고 있는지, 그리고 **KCA가 제공하는 공공데이터**에 대해 알고 있는지를 비교함으로써 KCA 공공데이터에 대한 인지 수준을 평가한다.

- **공공데이터 개념/정책 인지도:** 설문 결과 응답자의 약 **71%**가 공공데이터 개념에 대해 잘 알고 있거나 알고 있다고 답변하였다. 구체적으로 "잘 알고 있다" 24.6%, "알고 있다" 46.5%로 나타났고, "보통"이라는 응답은 24.4%였다. 반면 "모른다" 3.6%, "전혀 모른다" 0.9%로 **인지하지 못하는 비율은 5% 미만**에 그쳤다. 이는 대다수 응답자가 공공데이터의 전반적 개념과 정부의 제공 정책에 대해 숙지하고 있음을 보여준다.

- **KCA 제공 공공데이터 인지도:** 한편 **KCA가 어떤 공공데이터를 제공하는지에 대한 인지도**는 위보다 다소 낮았다. "잘 알고 있다" 24.2%, "알고 있다" 36.8%로 **전체의 약 61%**가 KCA 공공데이터를 인지하고 있었다. "보통"은 28.4%였으며, "모른다" 7.7%, "전혀 모른다"도 2.9%로 나타나 **약 10.6%가 KCA 데이터에 대해 거의 모르고 있는 상태**였다.

上述 두 문항의 결과를 비교하면, **KCA 공공데이터에 대한 인지도가 공공데이터 개념 전반의 인지도보다 약 10%p 낮다**는 점이 두드러진다. 응답자들은 공공데이터 자체에 대해서는 비교적 잘 알고 있지만, 정작 KCA에서 어떤 데이터를 공개하고 있는지는 모르는 비율이 더 높았다. 이는 KCA 공공데이터의 홍보와 인지 제고가 필요한 부분임을 시사한다. 특히 "모른다" 또는 "전혀 모른다"고 응답한 비율이 일반 개념의 경우 4.5%였으나 KCA 데이터의 경우 10.6%로 두 배 이상이라는 점에서, **KCA의 공공데이터 자체에 대한 인지도 확산 노력이 요구**된다. KCA는 이미 공공데이터에 관심이 있는 잠재 이용자층(본 설문 참여자들 대부분이 공공데이터 개념은 알고 있음)을 대상으로 **자체 데이터 세트의 존재와 활용 방안을 적극적으로 알릴 필요**가 있다. 이를 통해 KCA 공공데이터 활용의 첫 단추인 "무엇이 있는지 안다"의 허들을 낮출 수 있을 것이다.

2. 공공데이터 활용 확대를 위한 효과적인 홍보방안 분석

분석 목표: 공공데이터 활용을 늘리기 위해 **어떤 홍보방안이 효과적인지**에 대한 응답 결과를 살펴보고, 이를 **성별, 연령대, 직업별 특성**과 연계하여 **어떤 홍보 수단을 강화해야 하는지**에 대한 시사점을 도출한다.

설문에서는 공공데이터 활용 확대를 위해 가장 효과적이라고 생각하는 홍보방법을 물었다. 제시된 홍보방안과 선호도 분포는 다음과 같다:

- **블로그·인스타그램 등 SNS 홍보:** 177명 (40.0%) – **가장 선호도가 높음**
- **대국민 수요조사 실시:** 143명 (32.3%)
- **공공데이터 활용 공모전 개최:** 123명 (27.8%)
- **기타:** 0명 (0.0%)

딥리서치 결과

응답자의 **40%가 SNS 채널을 통한 홍보를 가장 효과적**이라고 꼽아, **SNS 홍보가 1순위 전략**임을 알 수 있다. 블로그, 인스타그램, 유튜브와 같은 **소셜미디어를 활용한 홍보**는 특히 20~30대의 젊은 층과 IT 친화적인 직장인 그룹에서 높은 호응을 얻은 것으로 보인다. 응답자 다수가 30대 일반기업 종사자였다는 점을 고려하면, **업무나 일상에서 익숙한 SNS를 통해 공공데이터 소식을 접하는 것을 선호**하는 경향이 반영된 것으로 해석된다. 성별로도 특별한 차이는 없을 것으로 추정되며 (남녀 모두 SNS 이용률이 높고 본 설문 응답자 구성도 비슷함), **SNS는 전 세대에 걸쳐 비교적 파급력이 큰 홍보 수단**임을 재확인하였다.

한편, **대국민 수요조사**를 효과적인 방법으로 꼽은 응답자도 32.3%로 적지 않았다. 수요조사는 잠재 이용자들이 필요로 하는 데이터를 직접 파악하고 그 결과를 다시 공개활용으로 연결시키는 활동이다. 비교적 연령대가 높거나 공공정책 경험이 있는 응답자, 그리고 **데이터 수요 발굴에 관심이 있는 전문가 집단에서 수요조사의 가치를 높게 평가**했을 가능성이 있다. 이는 **"어떤 데이터를 원하는지 국민에게 묻고 그에 맞춰 데이터를 제공하는 것"**이 이용 활성화에 효과적이라고 보는 견해가 상당함을 의미한다.

또 다른 27.8%는 **공공데이터 활용 공모전**을 꼽았다. **공모전**은 이용자들의 **참여를 유도**하고 **창의적 활용 사례를 발굴**하는 데 유용한 수단으로, 특히 학생이나 스타트업 종사자 등에게 동기 부여가 될 수 있다. 응답자 중 학생/창업자 비중(약 19%)에 비해 공모전 선호도가 27.8%로 높은 것은, **일반기업 종사자 등도 공모전이라는 아이디어 경쟁 방식이 활용 확대에 도움이 된다고 인식**하고 있음을 보여준다. 공모전을 통해 우수 활용 사례를 공유하고 홍보하면 다른 이용자들의 참여도 촉진될 것으로 기대된다.

시사점: 이러한 결과를 바탕으로 **KCA 공공데이터 홍보전략**을 수립할 때, **SNS 기반 홍보에 가장 중점을 둘 필요**가 있다. 공식 블로그, 페이스북, 인스타그램, 유튜브 등을 활용하여 KCA의 데이터 세트와 활용 사례를 지속적으로 알리는 것이 효과적일 것이다. 특히 **친숙한 스토리텔링이나 카드뉴스, 인포그래픽 등**으로 쉽고 흥미롭게 홍보하면 30대는 물론 20대 젊은 층까지 폭넓게 도달할 수 있다. 동시에 30% 이상의 응답자가 지지한 **"대국민 데이터 수요조사"**를 정례화하여, 국민과 업계가 정말 필요로 하는 데이터를 파악하고 제공함으로써 **홍보와 데이터 개방 방향을 일치**시키는 노력을 기울여야 한다. 아울러 **공공데이터 활용 공모전**도 주기적으로 개최하여 **실제 활용 성공사례를 발굴·전파**함으로써, 참여자의 성취감을 높이고 다른 이용자들에게 동기를 부여할 수 있다. 결국 **SNS를 통한 상시 홍보 + 수요조사로 양방향 소통 + 공모전으로 활용문화 확산**이라는 세 가지 트랙을 병행하는 종합적인 홍보 활성화 전략이 요구된다.

3. 공공데이터 활용 경험 및 선호 분야 분석

분석 목표: 응답자들의 **KCA 공공데이터 활용 경험 유무와 향후 활용 의향, 활용 목적, 활용 사례**, 그리고 **가장 활용성이 높을 것 같은 데이터 분야**를 살펴봄으로써 **어떤 공공데이터가 많이 사용될 것으로 예상되며 실제로는 무엇이 많이 활용되고 있는지** 파악한다.

- **활용 경험 및 계획 여부:** "KCA의 공공데이터를 활용한 경험이 있거나 활용할 계획이 있는지" 묻는 질문에 대해, 응답자의 **65.3%가 긍정적**(매우 그렇다 22.6% + 그렇다 42.7%)으로 답하였다. 약 3명 중 2명은 이미 활용했거나 앞으로 활용할 의향이 있다는 뜻으로, **공공데이터 활용에 대한 관심과 참여의지가 상당히 높은 수준**이다. "보통"이라는 유보적 응답도 29.6%에 달해 다수에게 잠재적 활용 가능성이 존재함을 보여준다. 반면 "그렇지 않다" 2.9%, "전혀 그렇지 않다" 2.3%로 **명확히 활용 의사가 없는 층은 5% 내외**에 불과했다. 요컨대, **대부분의 응답자가 KCA 공공데이터 활용에 관심을 갖고 있으며 실제 활용하려는 의지가 강한 것**으로 나타났다.

- **공공데이터 활용 목적:** KCA 공공데이터를 이미 활용했거나 향후 활용할 의향이 있다고 답한 응답자들을 대상으로, **어떤 목적으로 데이터를 활용하였거나 활용할 계획인지**를 조사하였다. 그 결과 **"실생활 편의 및 정보 취득"**을 목적이라고 답한 비율이 **49.9%로 가장 높았다.** 절반가량의 응답자는 일상생활에서 필요한 정보를 얻고 편의를 높이기 위해 KCA 데이터를 활용한다고 본 것이다. 다음으로 **"앱 또는 웹서비스 개발 등 신규 비즈니스 발굴"** 22.8%, **"학술연구 및 자료분석"** 21.0%로 각각 약 **5명 중 1명**이 **비즈니스** 또는 **연구 목적** 활용을 지목하였다. 한편 **"AI 모델 학습용"** 활용을 꼽은 응답자는 6.1%로 상대적으로 적었으며, **"기타"**는 0.2%에 그쳤다.

이 결과는 **KCA 공공데이터가 일반 국민들의 생활에 직접적인 정보를 제공하는 용도로 많이 쓰이고 있음**을 보여준다. 가장 큰 비중을 차지한 실생활 정보 취득의 사례로는, 예를 들어 **전자파 안전정보를 확인하여 생활환경을 점검**하거나 **국가**

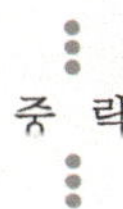

중 략

둘 다 상당히 높았다. 그러나 AI용에서는 **비정형(37.7%)이 정형(32.1%)보다 앞섰다. 이는 AI 연구/개발자들이** 이미지나 자연어 텍스트 등 비정형 데이터 활용을 중요시**한다는 의미다. 실제로 영상 인식, 자연어 처리 등 AI 응용을 위해서는** 비정형 데이터셋(예: 이미지 모음, 텍스트 코퍼스)**이 필수이므로, 이러한 관점이 반영된 결과로 볼 수 있다. 또한** 라벨링된 데이터의 부가적 가치**가 강조된다. 일반 데이터 활용자는 원자료만 얻어도 자체 분석하면 되지만, AI용은** 정답이 달린 학습용 데이터**가 있어야 모델을 훈련하기 때문에,** 응답자의 18.1%가 "라벨 포함 여부"를 최우선 고려사항으로 선택**한 것이다. 이 18.1%는 사실** 라벨이 있다면 형식(정형/비정형)에 상관없이 그걸 택하겠다**는 것으로 해석되므로,** AI 맥락에서는 형식 그 자체보다 라벨 유무가 결정적인 사용자층도 무시못할 규모**임을 알 수 있다.

마지막으로 **API 선호도는 두 문항 모두 12~15%로 낮게 나타났다.** 이는 응답자 대다수가 데이터 활용 시 **직접 다운로드하여 사용하는 것을 선호**하고 **API는 부차적으로 여기거나, 아직 API 활용 능숙자가 소수**임을 의미한다. 따라서 앞서 개선방안에서 API 확대 요구가 8.1%로 낮게 나온 것도 일관성이 있다. 다만 API를 선호하는 개발자층은 여전히 존재하므로, **파일 제공과 API 제공을 병행**하여 만족도를 높이는 것이 바람직할 것이다.

결론적으로, 응답자들이 선호하는 데이터 형식은 일반 활용과 AI 활용 맥락에서 완전히 같지는 않지만 큰 맥락에서 유사하다. **정형 데이터**는 항상 기본적으로 인기가 높지만, **AI 분야에서는 이미지/텍스트 같은 비정형 데이터와 라벨링 데이터의 중요성이 상대적으로 상승**한다. **KCA는 이러한 경향을 고려하여, 데이터 개방 시 정형 데이터뿐 아니라 비정형 콘텐츠(예: 관련 보고서 PDF, 이미지 자료 등)도 함께 제공**하고, AI용으로 가공된 **라벨 포함 데이터셋을 별도로 구축**하는 것도 검토할 수 있다. 예를 들어 전자파 관련 설문조사 결과나 이미지 자료에 라벨을 붙여 공개하면 AI 연구자들에게 유용할 것이다. 또한 **일반 이용자 대상으로는 CSV/XLS 형식의 친숙한 제공을 계속 강화하면서, 고급 개발자 대상으론 API 제공을 옵션으로 두어** 폭넓은 이용 형태를 지원해야 한다.

7. 결론 및 시사점

KCA의 공공데이터 활용 활성화 설문조사 결과를 종합적으로 분석한 결과, **응답자들은 KCA 공공데이터에 대한 높은 관심과 활용 의지를 보이는 한편 여러 개선 요구를 제시**하였다. 주요한 인사이트와 시사점을 정리하면 다음과 같다:

- **인지도 및 홍보:** 응답자들은 공공데이터 개념 전반에는 익숙하지만, **KCA가 제공하는 구체적 데이터에 대한 인지도는 상대적으로 낮은 편**이었다. 이는 **KCA 데이터 자체에 대한 홍보가 아직 충분하지 않음**을 나타낸다. 향후 **SNS 홍보를 최우선 전략으로** 하여 대중에게 KCA 데이터의 존재와 활용가치를 적극적으로 알릴 필요가 있다. 설문에서도 **SNS가 가장 효과적인 홍보방안(40% 선호)**으로 꼽혔으며, 공모전과 수요조사도 중요한 보조 수단으로 지목되었다. **디지털 홍보 강화와 이용자 참여 프로그램(공모전, 아이디어 공모 등) 병행**을 통해 KCA 공공데이터에 대한 **인지도 제고→활용 확산의 선순환 구조**를 구축해야 할 것이다.

- **데이터 활용 수요:** 응답자의 약 65%가 **KCA 데이터를 이미 활용했거나 활용 의향이 있다**고 밝혔으며, **활용 목적으로는 일상 생활정보 활용(약 50%)**이 가장 많고 비즈니스 개발과 연구 목적도 각 20% 이상을 차지했다. 이는 **KCA 데이터가 일반 국민의 생활편의부터 산업계·학계 활용까지 폭넓은 잠재력을 지닌 것**을 의미한다. 특히 **전자파 측정 데이터와 자격검정 데이터는 가장 활용 기대가 큰 분야**로 지목되었고 실제 활용 사례에서도 다수 등장하였다. **KCA는 이러한 인기 데이터 분야에 자원을 우선 투입**하여 품질을 높이고 성공 사례를 발굴·전파함으로써, 다른 분야 데이터 활용도도 견인할 수 있을 것이다.

- **AI 시대에 대비:** 응답자 대다수는 **KCA 데이터를 AI 개발에 활용하는 데 관심**이 있었지만, **"데이터가 AI에 적합하지 않아 활용을 포기"**한 경우도 25% 발생하고 있다. AI 활용의 장애 요인으로 **가이드 부족(23%), 기술역량 부족(23%), 데이터 최신성/양 부족(20%), 형식 부적합(18%), 라벨 부족(15%)** 등이 지적된 만큼, **데이터의 AI 친화도 제고**가 중요한 과제가 되었다. 특히 **이용자들은 AI 활용 가이드라인 제공, 데이터 표준화·품질 개선, 라벨링/메타데이터 지원, API 및 실시간 데이터 제공 확대** 등을 강력히 요구하고 있다. 이는 **KCA가 단순한 데이터 제공을 넘어 AI 활용까지 염두에 둔 데이터 관리 혁신**을 추진해야 함을 시사한다. **데이터의 적시성 확보와 정확한 문서화**는 기본이고, **AI용 특화데이터(예: 라벨 달린 데이터셋) 구축, 활용 가이드 배포, 커뮤니티 운영** 등 적극적인 조치가 필요하다. 이를 통해 현재 활용을 망설이는 50%와 시도했다가 중단한 25%를 **실제 활용자로 전환**시킬 수 있다면, 공공데이터 활용도는 획기적으로 높아질 것이다.

딥리서치 결과

- **데이터 개방 형식 전략:** 일반 이용자들은 **CSV/엑셀 같은 정형 데이터**를 가장 선호하지만, **AI 개발자들은 이미지·텍스트 등의 비정형 데이터와 라벨링된 데이터에 높은 가치를 둔다**는 점을 확인했다. 따라서 KCA는 **다양한 데이터 형식을 골고루 제공**하되, **AI 친화적 요소**를 강화해야 한다. 예를 들어 중요한 데이터셋에 대해서는 **원본 Excel과 함께 JSON/XML 등 기계가독형 포맷, 주요 필드에 대한 라벨 정보**를 함께 제공하고, **이미지나 동영상 자료가 있다면 메타데이터와 함께 공개**하는 방식이다. 또한 **API 제공은 아직 수요가 크진 않지만 전문 개발자층을 위해 선택적 지원**이 권장된다. 한편 정책연구보고서 등의 PDF 자료는 **텍스트 추출이 용이하도록 OCR 처리본이나 요약본 제공** 등을 검토하면 AI 활용도를 높일 수 있다.

- **데이터 활용 생태계 구축:** 전반적인 설문 결과에서, **응답자들은 KCA 공공데이터에 대해 "양적·질적 향상"과 "이용자 지원" 두 측면의 요구를 동시에 표출**했다. 이는 **단순 개방을 넘어서는 적극적인 활용 생태계 구축**을 주문하는 것이다. **개선방안 1순위**로 꼽힌 **데이터 최신화**는 말할 것도 없고, **가이드 제공 요구**(자유응답 다수 제기)와 **데이터 설명 보완 요구(25.5%)**는 결국 **기관이 이용자와 소통하며 함께 발전하는 생태계를 만들어달라**는 뜻으로 볼 수 있다. KCA는 이에 부응하여, **데이터 이용 활성화 전담 조직**을 두거나 **온라인 지원 채널**을 마련하여 **지속적인 피드백 수렴-반영 체계**를 구축할 수 있다. 또한 **공모전, 해커톤, 활용 세미나** 등을 통해 이용자들이 모여 학습하고 협력하도록 장려하면, **자생적인 활용 생태계**가 조성될 것이다.

맺음말: 이번 설문조사 분석을 통해 **KCA 공공데이터 사업의 현주소와 향후 나아갈 방향**을 가늠할 수 있었다. 긍정적인 점은 **잠재 이용자들의 관심과 의지가 매우 높다**는 것이다. 다수 응답자가 KCA 데이터를 활용해보고자 하며, 이미 활용하고 있는 사례들도 발견되었다. 개선이 필요한 점은 **데이터 품질관리의 고도화와 이용자 관점의 지원 강화**이다. 특히 AI 시대를 맞아 공공데이터의 활용 패러다임이 바뀌고 있으므로, **KCA도 AI 친화적 데이터 개방 전략**을 속도감 있게 추진해야 한다. **핵심 데이터의 지속 업데이트, 표준화 및 라벨링, 활용 가이드 제공, 커뮤니티 육성** 등의 조치를 통해, KCA의 공공데이터가 국민 생활에 더 깊숙이 파고들고 혁신 서비스의 밑거름이 되도록 만드는 것이 궁극적인 목표다. 본 분석 결과가 KCA 공공데이터 운영 정책 수립과 실행에 있어 유용한 인사이트로 활용되기를 기대한다.

참고자료: 본 보고서의 모든 수치는 KCA 공공데이터 설문조사 원자료를 분석한 것이며, 원문 응답의 일부는 보고서 내용 설명을 위해 인용되었다. 설문의 정량 결과와 정성 답변은 KCA 내부자료로 제공되었으며, 중요 통계는 본문에 각주로 명시한 출처 등을 통해 확인할 수 있다.

- 대용량의 정형/비정형 데이터를 단시간에 파악하고 분석
- 복잡한 과정 없이 비정형 데이터를 다룰 수 있어 비숙련자도 쉽게 접근 가능
- 각각의 분석을 통해 종합적인 인사이트를 도출
- 한글 사용시 시각화 자료 제작 중 글자 깨짐 현상이 발생하는 경우 있음
- 딥리서치 미사용시, 논리적인 설명보단 분석 수치 제공을 통한 결과 제시에만 초점

5-8. AI를 활용한 보고서 현행화

목적

급변하는 ICT 환경에 대응하여 정책연구과제 중 현행화가 필요한 과제를 분류하고 AI 기술을 적용하여 업무에 활용

방법

- 연구과제 중 데이터의 최신성을 고려하여 과제를 선정하고 리뉴얼 대상 보고서 내 개인정보 등 민감 데이터 포함 여부를 사전에 점검
- AI 보고서 리뉴얼을 위한 프롬프트를 설계하고 샘플 데이터를 통해 정확성을 검증 후 AI 보고서 현행화 작업을 실시
- 대화를 이어 나가며 요구사항 추가 및 보고서 작성

딥리서치 질의 내용 및 결과

- 대화 시작 전 프롬프트 세팅

『목표 : 기존 연구 보고서를 2025년 현재 기준으로 리뉴얼
산출물 형태 : 글/문서 형식의 보고서
주요 목표 : 연구
활용 기법 : 파일분석(사용자 제공), 기타(사전 승인을 전제로 웹검색 허용)
기타 요구 사항 : 반영구 프롬프트, 업무 절차, 사실 기반 등』

결과 : 약 100장 분량의 보고서 작성 ※사내 보고서 양식 기준

▷ 대화 시작

안녕하세요. Prompt Foundry 가 설계한 **시니어 리서치 애널리스트**입니다. 2025 년 기준으로 리뉴얼할 **연구 보고서 파일을 업로드**해 주시면, 즉시 **[Phase 1] 분석 및 이해** 단계부터 시작하겠습니다.

저는 원본의 논리 구조와 전문적/학술적 톤을 완벽하게 유지하면서, 최신 데이터와 학술적 근거만을 기반으로 보고서를 100% 사실에 입각하여(Fact-based) 리뉴얼하는 역할을 수행합니다.

딥리서치 질의 내용 및 결과

▷ 질의Ⅰ ※결과는 내부자료인 관계로 비공개

과정	보고서를 첨부하고 AI가 내용을 제대로 이해했는지 확인
결과	**[Phase 1] 분석 완료 보고** 제가 이해한 이 보고서의 핵심 내용은 다음과 같습니다.
결과 확인	**[승인 요청]** 제가 이해한 내용이 맞습니까? 맞다면 "예"라고 답해주시면 [Phase 2] 갭 분석을 시작하겠습니다.

▷ 질의Ⅱ ※결과는 내부자료인 관계로 비공개

과정	원본 보고서가 작성된 연도와 리뉴얼 시점의 차이 분석
결과	[Phase 2] 갭 분석 및 자료 요청 사용자님의 승인에 따라 [Phase 2] 갭 분석을 시작하겠습니다. 원본 보고서(2018 년 7 월 작성)를 2025 년 기준으로 분석한 결과, 다음 항목들의 업데이트가 **필수적**으로 필요하며, 이 단계에서는 **비교/분석 목적**으로 웹 검색을 수행했습니다.
결과 확인	[Phase 2] 갭 분석 및 자료 요청 (아래 표 참조)

[Phase 2] 갭 분석 및 자료 요청

페이지	원본 내용 (데이터 기준 연도)	리뉴얼 필요 사항 (2025 년 기준)	검색 결과 확인 내용 (참고)
p.19-21	블라인드처리		
p.22-26			
p.33-40			

⋮
중 략
⋮

딥리서치 질의 내용 및 결과	▷ 질의Ⅲ ※결과는 내부자료인 관계로 비공개

과정	기존 버전과 리뉴얼된 버전을 한눈에 비교
결과	네, 사용자님. AI 활용 성과 보고서의 증빙 자료로 사용하실 수 있도록, **기존 보고서(2018 년)와 리뉴얼된 보고서(2025 년 통합본)**의 **핵심 내용 및 논리적 차이점**을 대비시킨 비교 분석 자료를 다음과 같이 작성해 드립니다. 이 자료는 **AI 기반의 정책 리뉴얼 성과**를 명확하게 증명하는 데 초점을 맞추었습니다.
결과 확인	(아래 표 참조)

AI 활용 성과 증빙 자료

「중장기 분담금 제도설계 연구」 원본 vs. 리뉴얼 주요 내용 비교 대조표

구분	원본 보고서 (2018 년)	리뉴얼 통합본 (2025 년)	리뉴얼을 통한 성과 (증빙 내용)
I. 정책 환경 및 시점	블라인드처리		
연구 시점 전제			
제도 명칭			
II. 핵심 부과 대상 및 논리			
주요 징수 대상			
홈쇼핑 매출 논리			
III. 제도 설계 및 로드맵			

- Deep Research 기능을 통해 원본 보고서 자료와 연구 분야 현황을 단시간에 비교·분석하여 신속하고 효과적인 보고서 리뉴얼 작업을 도움
- AI와 사용자의 소통을 통해 피드백 반영이 가능하며 이는 더 풍부한 내용 구성과 사용자가 구상하는 완성도 높은 보고서 작업을 용이하게 함
- 현재 AI 기술 수준으로 인해 문자 위주의 작업만 가능하며 이에 따라 원본 보고서에 사용된 표나 그래프 등은 리뉴얼 대상에서 제외됨

별첨

01 국산 LLM 소개

1-1. HyperCLOVA X

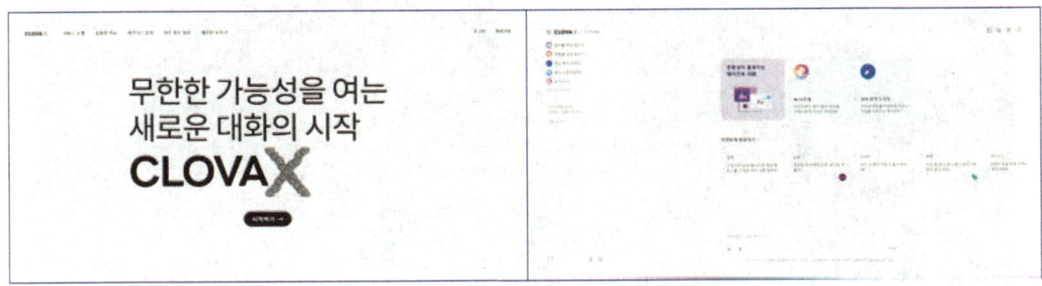

※출처 : HyperCLOVA X 공식 홈페이지

네이버가 개발한 국내 초거대 언어모델 CLOVA X(기반 모델: HyperCLOVA X)는 한국어와 한국의 문화적 맥락을 정교하게 이해하고 표현하도록 설계된 생성형 인공지능이다. 텍스트뿐 아니라 이미지와 음성 등 다양한 입력을 처리하는 멀티모달 기능을 갖추고 있으며, 뉴스 요약·검색·대화형 서비스·콘텐츠 생성 등 폭넓은 영역에서 활용되고 있다.

CLOVA X는 한국어 중심 데이터로 학습되어 국내 환경에서 높은 정확도를 보인다. 네이버는 이를 검색·쇼핑·클라우드 서비스 등 자사 플랫폼 전반에 적용하고 있으며, 기업·기관 고객이 활용할 수 있도록 커스터마이징과 경량화 모델(HyperCLOVA X Seed) 도 함께 제공한다.

특히 한국어의 어형 변화와 조사 체계를 정밀하게 반영하여, 글로벌 모델 대비 자연스럽고 문맥 이해도가 높은 한국어 생성이 가능하다. 이러한 특성은 한국 콘텐츠 산업과 공공 서비스 환경에서 국산 LLM의 대표 사례로 평가받고 있다.

CLOVA X는 과학기술정보통신부가 추진하는 '2025년 독자 AI 파운데이션 모델(K-AI)' 프로젝트의 국가대표 AI팀에 선정되었다.

1-2. EXAONE

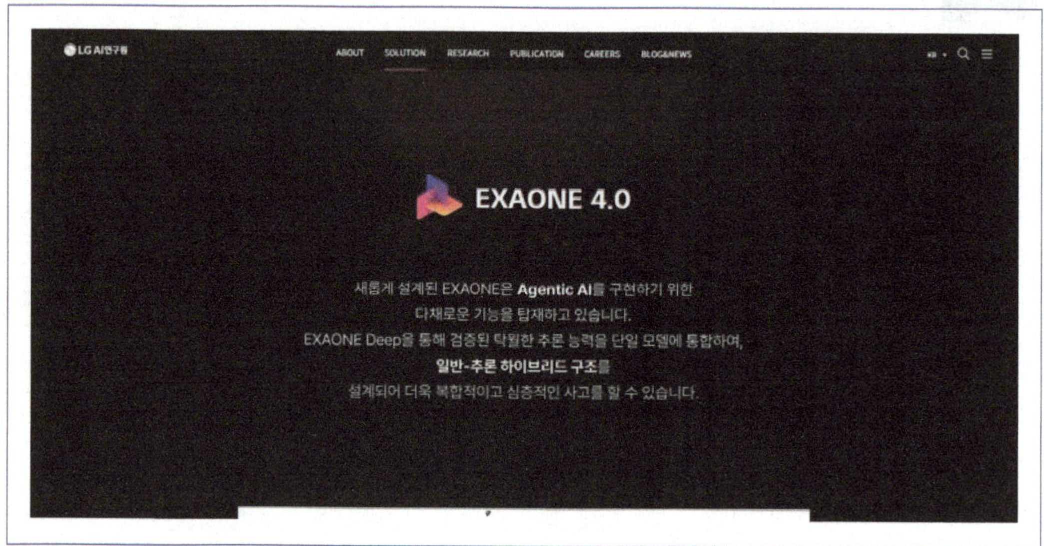

※출처 : Exaone 공식 홈페이지

EXAONE은 LG AI 연구원이 개발한 하이브리드형 초거대 언어모델(LLM)로, 단순한 언어 생성 기능을 넘어 지식 추론과 논리적 사고 능력을 결합한 구조를 갖추고 있다. 최신 버전인 EXAONE 4.0은 텍스트뿐 아니라 이미지 등 다양한 형태의 입력을 처리하는 멀티모달 AI로 발전했으며, 연구개발(R&D) 분석, 전문 문서 요약, 기업용 도메인 특화 응답 서비스 등에서 폭넓게 활용되고 있다.

이 모델은 대규모 전문 지식 데이터와 산업별 문서를 학습해 정확한 정보 응답과 논리적 근거 제시에 강점을 가진다. 특히 과학기술·의료·소재·제조 등 산업 현장에서의 고도화된 분석 업무에 최적화되어 있으며, 기업 내부 시스템과 연동 가능한 형태로 제공된다. 또한 LG AI 연구원은 EXAONE을 통해 지식 기반 AI 생태계를 확장하고, 향후 글로벌 수준의 산업용 AI 플랫폼으로 발전시키는 것을 목표로 하고 있다.

EXAONE은 과학기술정보통신부가 추진하는 '2025년 독자 AI 파운데이션 모델(K-AI)' 프로젝트의 국가대표 AI팀에 선정되었다.

1-3. SOLAR

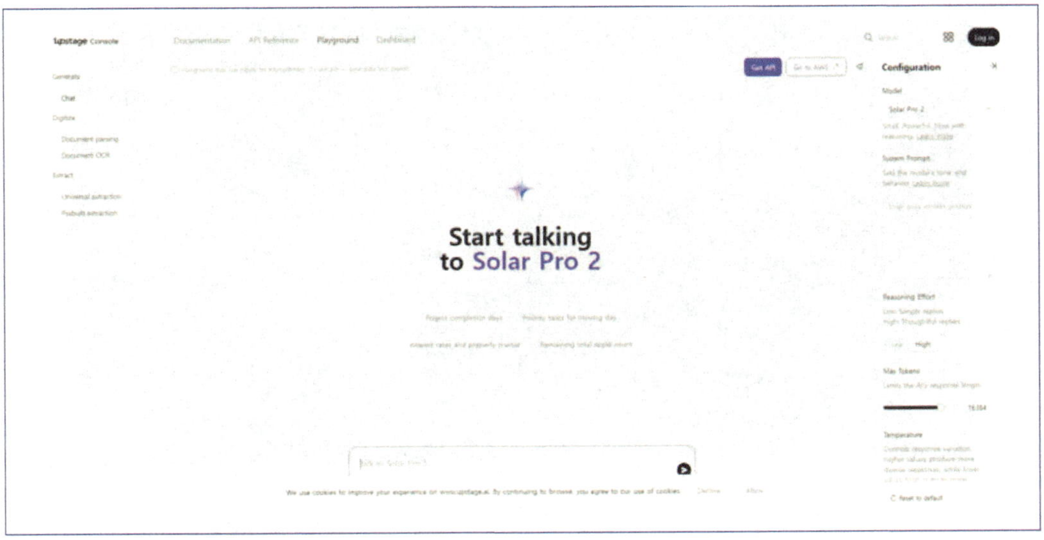

※출처 : upstage 공식 홈페이지

SOLAR는 업스테이지(Upstage)가 개발한 경량·고성능형 국산 LLM으로, 자체 개발한 Depth Up-Scaling(DUS) 기술을 통해 모델 크기 대비 성능 효율을 극대화한 것이 특징이다. 이 기술은 파라미터 수를 과도하게 늘리지 않고도 대형 모델 수준의 추론 능력과 언어 이해력을 구현하도록 설계되었다.

SOLAR 시리즈는 중소형 규모임에도 불구하고 MMLU·ARC·HellaSwag 등 주요 글로벌 벤치마크에서 상위권 성능을 기록하며 기술력을 입증했다. 이를 기반으로 텍스트 생성, 문서 요약, 질의응답(QA), 코드 생성 등 다양한 API 형태의 서비스를 제공하고 있으며, 빠른 추론 속도와 낮은 운용비용 덕분에 기업 환경에서 실용성이 높다.

또한 SOLAR는 한국어 데이터와 산업별 전문 문서로 세밀하게 학습되어 한국어 기반 응용 성능이 뛰어나며, 공공기관·중견기업·교육기관 등 경량형 AI 인프라 환경에서도 안정적으로 운영된다. 업스테이지는 SOLAR를 중심으로 '한국형 오픈소스 AI 생태계' 구축을 추진하며, 다양한 기업이 자사 데이터에 맞춰 손쉽게 맞춤형 AI 서비스를 개발할 수 있도록 지원하고 있다.

SOLAR는 과학기술정보통신부가 추진하는 '2025년 독자 AI 파운데이션 모델(K-AI)' 프로젝트의 국가대표 AI팀에 선정되었다.

1-4. 믿음 K(Mi:dm)

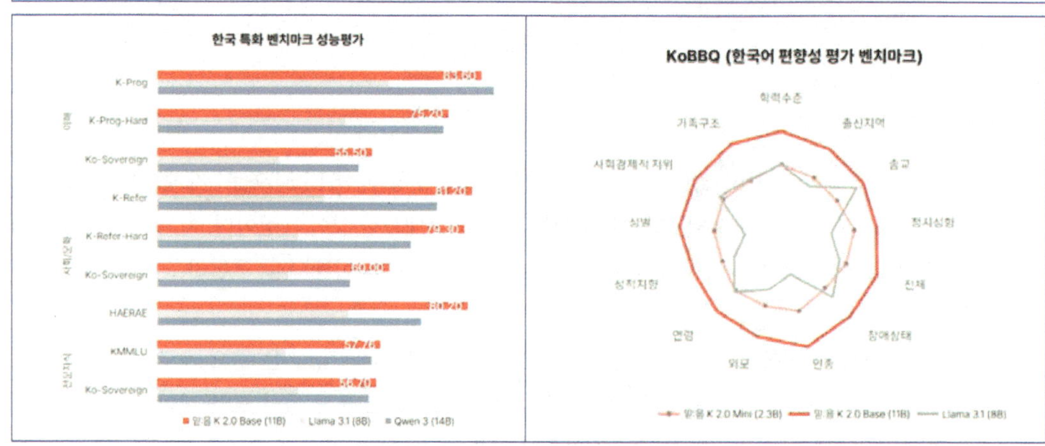

※출처 : 믿음K 공식 홈페이지

믿음K(Mi:dm)은 KT가 독자적으로 개발한 한국어 특화 LLM으로, 요약·분류·문서 생성 등 다양한 언어 처리 작업을 하나의 구조 안에서 수행할 수 있는 멀티태스크형 모델이다. 한국어 데이터 중심으로 학습되어 국내 기업 환경에서 높은 정확도와 자연스러운 문맥 이해력을 보여주며, 특히 고객 응대와 내부 문서 자동화에 최적화되어 있다.

이 모델은 콜센터 상담 기록 요약, 고객 문의 응답, 계약서나 업무 보고서 작성 등 기업 맞춤형 파인튜닝 기능을 지원한다. 또한 KT의 통신망 보안 기술과 연계된 데이터 보호 설계를 적용해 민감한 고객 정보를 안전하게 처리할 수 있도록 했다. 현재 믿음K는 KT 클라우드를 기반으로 기업용 AI 엔진 형태로 상용화되어 있으며, 공공기관 상담 시스템, 기업 문서 관리, 지식 검색 서비스 등 다양한 영역에서 업무 효율성을 크게 향상시키는 도구로 활용되고 있다.

1-5. 에이닷(A.Dot)

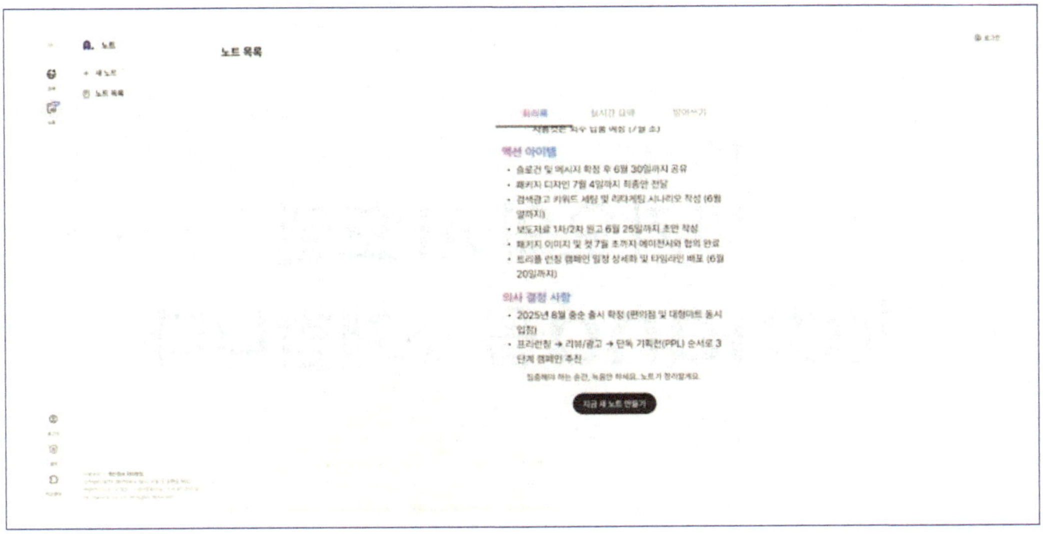

※출처 : 에이닷 공식 홈페이지

에이닷은 SK텔레콤이 개발한 통신 기반 인공지능 서비스 플랫폼으로, 자체 언어모델인 A.X 시리즈를 탑재하고 있다. 이 모델은 한국어 문맥 이해와 자연스러운 대화 능력에 강점을 지니며, 단순한 음성비서가 아닌 개인 맞춤형 AI 파트너로 진화하고 있다.

에이닷은 SKT의 통신망, 미디어, 음악, 쇼핑 등 다양한 서비스와 연동되어 통합형 사용자 경험을 제공한다. 예를 들어 사용자의 일정 관리, 콘텐츠 추천, 문자·전화 응답, 차량 내 음성 제어 등 일상 전반을 지원하는 대화형 인터페이스로 작동한다. 특히 이용자의 대화 패턴과 선호 데이터를 분석해 개인화된 응답과 제안을 제공함으로써, 시간·맥락·감정에 맞춘 자연스러운 상호작용이 가능하다.

또한 SK텔레콤은 에이닷을 기반으로 A.X Generative 모델을 지속 고도화하고 있으며, 통신 인프라와 연계된 국내형 생성 AI 플랫폼으로 발전시키고 있다. 이를 통해 향후 스마트홈, 모빌리티, 교육 등 다양한 영역으로 확장할 계획이다.

에이닷은 과학기술정보통신부가 추진하는 '2025년 독자 AI 파운데이션 모델(K-AI)' 프로젝트의 국가대표 AI팀에 선정되었다.

1-6. Kanana

※출처 : kakao 공식 홈페이지

Kanana는 카카오가 개발한 차세대 멀티모달 LLM으로, 단순한 언어 생성 기능을 넘어 텍스트·이미지·음성·프로필 생성 등 다양한 형태의 데이터를 통합적으로 처리할 수 있는 AI 모델군으로 구성되어 있다. 이 모델은 카카오톡, 카카오브레인, 카카오엔터테인먼트 등 그룹 내 서비스 생태계 전반에서 활용될 수 있도록 설계되었다.

Kanana는 한국어 중심의 자연어 처리 능력이 뛰어나며, 대화형 콘텐츠 생성과 맞춤형 캐릭터 기반 인터랙션에 강점을 보인다. 예를 들어 사용자의 취향을 반영한 아바타 제작, 감정 기반 대화 시나리오 생성, 브랜드용 챗봇 스토리텔링 등에 적용이 가능하다. 또한 음성 합성·이미지 생성·프로필 표현을 하나의 프레임워크 안에서 결합할 수 있어, 멀티모달 크리에이티브 AI 플랫폼으로의 확장성이 높다.

카카오는 Kanana를 통해 자사 AI 생태계 전반을 연결하는 '서비스 연동형 생성 AI' 전략을 추진 중이며, 향후 카카오톡·카카오워크·카카오엔터 등에서 개인 맞춤형 콘텐츠 제작과 비즈니스 자동화를 지원하는 핵심 인프라로 발전시킬 계획이다.

1-7. Fabirx & Brity Copilot

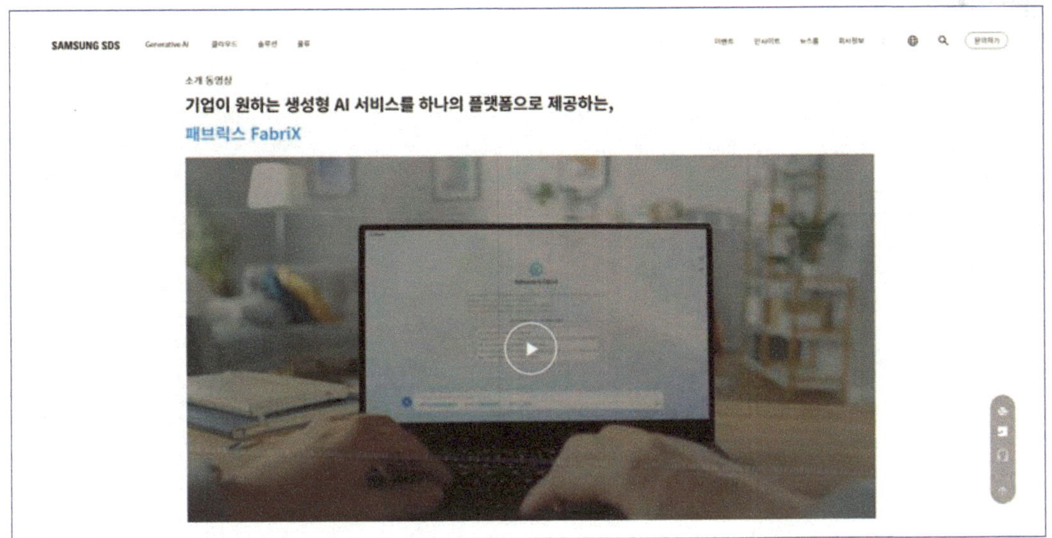

※출처 : 삼성SDS 공식 홈페이지

FabriX와 Brity Copilot은 삼성SDS가 개발한 업무 생산성 중심의 기업형 생성형 AI 플랫폼으로, 조직 내부의 협업 도구와 밀접하게 결합된 통합형 업무 보조 솔루션이다. 두 시스템은 상호 보완적인 구조로 설계되어 있으며, Brity Copilot이 실무자의 개별 업무를 지원하고, FabriX가 이를 통합·관리하는 엔터프라이즈 AI 인프라 역할을 수행한다.

Brity Copilot은 이메일 요약, 회의록 자동 작성, 보고서 초안 생성 등 사무 자동화(AI-assisted office automation)에 최적화된 도구로, 실제 문서 업무의 처리 속도와 품질을 향상시킨다.

FabriX는 이와 같은 AI 기능을 삼성SDS의 클라우드·보안 인프라와 연동하여 기업 내부 데이터를 안전하게 활용할 수 있도록 지원하며, 다수의 AI 모델을 통합 관리하는 허브 플랫폼 역할을 한다.

이 플랫폼의 가장 큰 특징은 보안 중심의 폐쇄형 구조다. 외부 인터넷망과 분리된 환경에서 작동하기 때문에 기업의 민감한 내부 정보를 안전하게 보호할 수 있으며, 기존 시스템(ERP, 메신저, 그룹웨어 등)과의 연동 안정성이 높다. 이를 통해 삼성SDS는 범용 LLM보다 제한된 오픈 기능 대신, 데이터 보호·내부 연계성·신뢰성을 우선시한 기업 맞춤형 AI 생태계를 구축하고 있다.

02 기타 딥리서치 도구

2-1. Goover

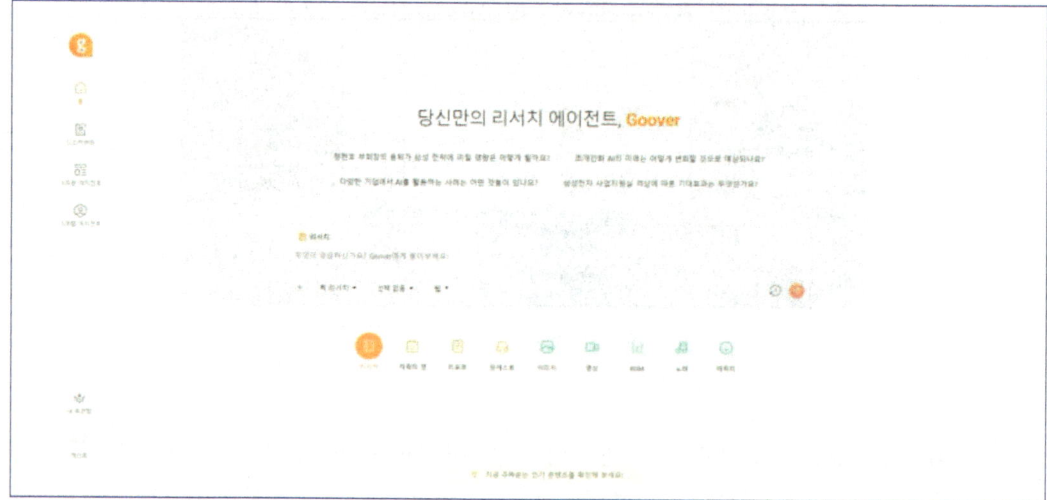

※출처 : Goover 공식 홈페이지

Goover는 솔트룩스社에서 제작한 리서치 도구로 2025년 6월부터 서비스를 시작하였다. 회원가입 후 로그인을 통해 딥리서치 기능을 사용할 수 있다. Goover의 딥리서치는 GPT·Gemini·Claude의 모델을 기반으로 응답하며, 딥리서치 외에도 '팟캐스트 생성'과 '캐릭터 만들기'와 같은 새로운 기능들을 제공한다.

Goover Enterprise는 '초개인화 환경'에 초점을 맞춘 자동화 에이전트 서비스로, Graph RAG(Retrieval Augmented Generation)를 통한 답변 및 보고서를 생성한다. 또한 기업 맞춤형 시스템 구축, 공유 및 구독을 통한 사용자 협업 등 다양한 서비스를 제공한다. Goover Enterprise는 Cloud Service형, Appliance형, On-premise형 중 원하는 방식으로 도입 가능하다.

Goover는 일반적인 대규모 언어모델의 한계를 넘어 도메인 특화된 지식을 처리하는 Maven LLM을 보유 중이며, 사실 참조 및 지식 참조를 통해 Anti-Hallucination 기능을 제공한다. 이를 통해 참조하는 문서를 추적하고 잘못된 정보나 오해의 소지가 있는 정보의 위험을 최소화한다.

2-2. Grok

※출처 : Grok 공식 홈페이지

Grok은 일론 머스크의 xAI가 개발한 AI 도구로, 딥리서치 기능을 제공한다. Grok은 Grok0부터 Grok4까지 자체 언어모델을 보유 중이며, 향후 Grok5를 출시할 예정이다. 현재 출시된 모델 중 가장 최신 모델인 Grok4는 25년 7월 10일에 공개되었으며, ChatGPT·Gemini와 비슷한 수준의 응답 속도를 보여준다. Cursor와의 연동이 가능해 코드 작성에도 사용할 수 있다.

Grok은 다양한 모드를 지원한다. 보이스 모드는 스토리텔러, 전문가 등의 종류가 있으며 ChatGPT에서 제공하는 보이스보다 더욱 다양한 종류를 경험해 볼 수 있다. 컴패니언 모드는 사용자가 AI 캐릭터와 상호작용하는 기능이다. '애니', '배드 루디', '발렌타인' 등 여러 페르소나를 가진 컴패니언들과 함께 독톡한 스타일의 상호작용을 경험할 수 있다.

Grok은 타 AI 도구와 마찬가지로 유료 모델을 제공한다. 개인을 대상으로 한 유료 모델은 크게 3단계로 나뉘는데 기본 모델, Super Grok 그리고 Super Grok Heavy이다. Super Grok은 월 30달러로 이용 가능하며, 최신 모델에 대한 향상된 엑세스와 확장된 메모리(약 12만 토큰)를 제공한다. Super Grok Heavy는 월 300달러로 이용 가능하며, 최신 모델 미리보기와 확장된 엑세스 그리고 가장 긴 메모리(약 26만 토큰)를 제공한다.

2-3. Scispace

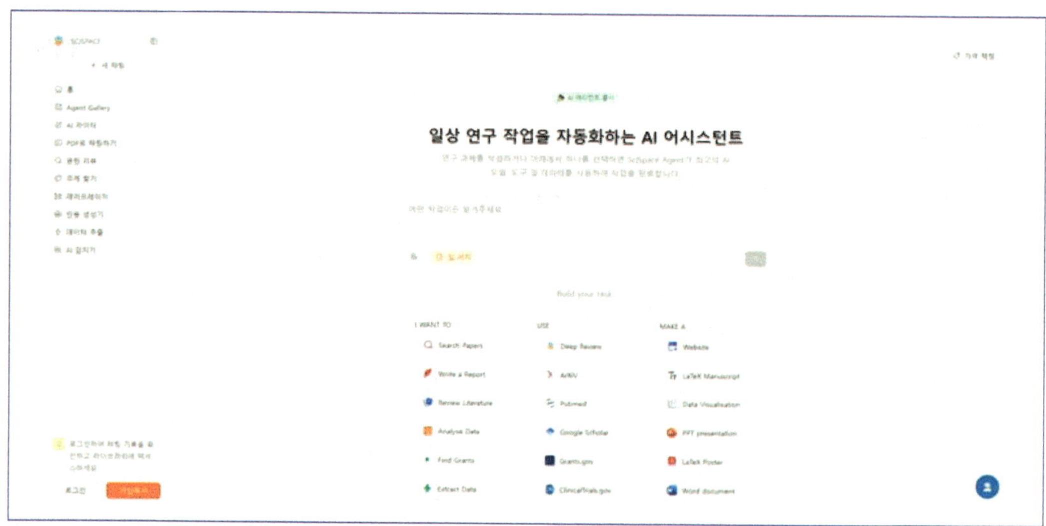

※출처 : Scispace 공식 홈페이지

Scispace는 문헌·논문 관련 딥리서치 기능을 제공하는 AI 도구이다. 문헌·논문 내용을 일반 분석, 고급 분석, 심층 분석할 수 있을 뿐 아니라 '주제 찾기', '인용 생성', '데이터 추출 및 분석' 등도 가능하며, Google Scholar를 통한 논문 검색, 파이썬 라이브러리 활용, PPT 생성, 데이터 시각화 그리고 웹사이트 생성 등 다양한 도구들과의 연동이 가능하다.

Scispace를 통해 대학(원)생은 논문 작성에 필요한 문헌 찾기, Paraphraser와 Citation Generator를 통한 논문 작성 도움 등을 경험할 수 있고, 교수나 연구자는 PDF to Video로 강의 자료 제작, 문헌 검토, Chrome Extension으로 빠른 논문 분석 등을 경험할 수 있다. Ask Copilot은 논문을 공부하거나 분석하는 도중에 궁금한 것이 생기면 AI에게 질문할 수 있는 기능이다. MS Copilot과의 연동을 통해 제공되는 서비스이다.

Scispace는 기본 모델 외에 3개의 유료 모델을 제공한다. 가장 많이 사용하는 Premium 모델은 월 20달러로 대표적인 기능으론 '2 parallel task' 기능이 있다. 이 기능은 Scispace와 다른 툴(예 : Google Scholar) 1개, 총 2개의 툴을 순차 실행이 아닌 병렬 실행시키는 기능이다. AI Agent 기능을 지원하는 Advanced 모델은 월 90달러로 이용 가능하다. '4 parallel' 기능을 제공하며 더 많은 크레딧을 지급한다.

03 참고자료

정부·공공기관 보고서

[1] KCA(2025.06.), ChatGPT 업무활용 가이드북 v 3.0
[2] 개인정보보호위원회(2024.07.), 비정형 데이터 가명 처리 기준
[3] 개인정보보호위원회(2024.07.), AI 개발 · 서비스 위한 공개된 개인정보처리 안내서
[4] 개인정보보호위원회(2024.12.), 합성 데이터 생성 · 활용 안내서
[5] 한국정보통신자격협회(2024.10.), 개인영상정보 보호 · 활용 안내서
[6] 국민권익위원회(2023.10.), 청렴윤리경영-AI와 청렴윤리경영

도서

[1] 최홍식(2025.04.), AI DEEP RESEARCH 완전 정복, BOOKK
[2] 김창일(2025.07.), 찐 실전 ChatGPT, 광문각출판미디어
[3] 오힘찬(2025.01.), 이게 되네? 챗GPT 미친 활용법 71제, 골든래빗

공식 홈페이지

[1] ChatGPT : https://openai.com/index/chatgpt/
[2] Gemini : https://gemini.google.com/
[3] HyperCLOVA X : https://clova.ai/
[4] Claude : https://www.claude.com/
[5] Perplexity : https://www.perplexity.ai/
[6] EXAONE : https://www.lgresearch.ai/
[7] Solar : https://www.upstage.ai/
[8] Goover : https://www.saltlux.com
[9] Grok : https://grok.com
[10] Scispace : https://www.scispace.com

04 기관소개

설립목적

- 법적근거 : 전파법 제 66조

전파의 효율적 관리와 방송 · 통신 · 전파의 진흥 및 인력양성을 위한 사업, 정부로부터 위탁받은 업무를 수행함으로써 국민의 전파이용 기회 확대와 방송 · 통신 · 전파 진흥에 기여

방송통신전파 초융합을
실현하는
디지털 혁신 선도기관

방송통신융합 산업진흥	ICT기금 운용 및 기금사업관리
• 방송프로그램 및 해외한국어방송 제작지원 • 미디어신산업 활성화, 디지털 기술융합형 미디어 생태계 조성 • 빛마루방송지원센터 운영	• 중장기 및 연도별 ICT기금운용계획 수립 • 방송통신발전기금 및 정보통신진흥기금 징수·운용·관리 • ICT기금사업 전주기 관리 및 성과 확산
전파산업진흥·산업인력 배출	**전파자원관리 및 이용환경 최적화**
• 주파수 종합정보시스템 구축·운영 및 전파정보 개방·활용 • 국가 전파정책 수립지원 및 주파수 할당 이행점검 • 공공용 주파수 적정성 조사·분석 및 수급관리 • ICT분야 국가기술자격검정, 자격취득교육 및 통신보안교육	• 인명안전 무선국, 이동통신기지국 등에 대한 전파품질 관리 • 전자파강도측정 및 전자파 안전관리 • 주파수자원 발굴, 주파수 회수·재배치 및 손실보상 • 전파기반 국민안전 서비스 발굴·확대

한국방송통신전파진흥원 딥리서치 업무활용 가이드북

초판 인쇄 2026년 01월 26일
초판 발행 2026년 01월 30일

저 자 한국방송통신전파진흥원
발행인 김갑용

발행처 진한엠앤비
주소 서울시 서대문구 독립문로 14길 66 205호(냉천동 260)
전화 02) 364 - 8491(대) / 팩스 02) 319 - 3537
홈페이지주소 http://www.jinhanbook.co.kr
등록번호 제25100-2016-000019호 (등록일자 : 1993년 05월 25일)

ISBN 979-11-290-6298-7 (93560) [정가 10,000원]